Contraste insuffisant

NF Z 43-120-14

# DE

# La Servitude Volontaire

## OU

## LE CONTR'UN.

## AVIS DE L'ÉDITEUR.

Cette édition était destinée à voir le jour avant celles qui l'ont précédée; l'auteur avait préparé son travail en 1884 mais des causes insurmontables en ont toujours retardé la publication, elle se distinguera néanmoins des autres par le soin que l'auteur a apporté à la mettre au niveau de toutes les intelligences, et par les notes dont elle est accompagnée.

C.

# ERRATA.

n. a. M. Rechastelet ayant été dans l'impossibilité de revoir lui-même les épreuves de cette édition, il s'y est glissé une foule de fautes graves que nous relevons dans cet errata. Nous prions le lecteur d'y recourir pour tous les passages où le sens du texte présenterait quelque obscurité.

| page. lig, | au lieu de : | lisez : |
|---|---|---|
| 1 9 | reconnaître que pris | reconnaître que, pris |
| 8 16 | encore dirai-je | encore, dirai-je |
| 10 12 | lien fraternel, | lien fraternel ; |
| 10 13-14 | presque semblable à progresser, dans | presque semblable, à progresser dans |
| 13 27 | qu'on ait à | qu'on n'ait à |
| 20 11 | si je laissais volontairement | si je laissais, volontairement |
| 28 25 | perdrait | perdrais |
| 28 28 | Ce pourrait bien être mon frère, | Ce pourrait bien être, mon frère, |
| 29 9 | supportent | supporteront |
| 32 4 | un vrai père | mon vrai père |
| 32 9-10 | qu'il plairait | qu'il lui plairait |
| 33 27 | Tel j'ai vécu, suis-je | Tel j'ai vécu, tel suis-je |
| 36 18 | acrimonieux, disputeur, | acrimonieux disputeur ; |
| 44 18 | me répondit-il toujours | me répondit-il. Toujours |
| 54 17 | monde entir. Qu'est-ce | monde entier, qu'est-ce |
| 56 23 | ( cités page , note | (cités pages de 127 à 141, note |

| | | | |
|---|---|---|---|
| 128 | 39 | animèrent | armèrent |
| 140 | 22 | donneurs | honneurs |
| 150 | 23 | qu'il a fait aux hom-mes | qu'il a faits aux hommes |
| 154 | 4 | coupe-tête | couperet |
| 154 | 35 | échappé | échappée |

L'épigraphe qui, ordinairement, fait partie du titre, a été reléguée, par erreur, au dos de la couverture. Comme elle pourrait disparaître, soit par l'usage, soit dans le cas où l'on ferait relier le volume, nous croyons utile de la répéter ici :

« Il tiranno, che è uno solo, ed uno contra tutti, ha sempre un interesse non solamente diverso, ma per lo più direttamente opposto a quello di tutti. »

(Alfieri; Della Tirannide, cap. V.)

« Le tyran, qui est seul, et seul contre tous, a toujours un intérêt, non-seulement différent, mais directement opposé à celui de tous. »

( Alfieri; De la Tyrannie, chap. V. )

# DE

# La Servitude Volontaire

OU

# LE CONTR'UN.

PAR

## ÉTIENNE DE LA BOËTIE.

OUVRAGE PUBLIÉ EN L'AN 1549 ET TRANSCRIT EN LANGAGE
MODERNE POUR ÊTRE PLUS A LA PORTÉE D'UN CHACUN VOIRE
DES MOINS AISÉS,

*Par Adolphe* MATHIEU.

## BRUXELLES ET PARIS,

CHEZ LES MARCHANDS DE NOUVEAUTÉS.

—

## 1836.

IMPRIMERIE DE J.-B. CHAMPON, PLACE DU SAMEL.

# AVANT-PROPOS.

Un mot, frère lecteur, qui que tu sois, et quelles que puissent être d'ailleurs ta position ici bas et tes opinions personnelles; car, bien que d'ordinaire et proverbialement parlant, *tous les frères ne soient pas cousins*, toujours est-il qu'en dépit de la distribution si bizarrement faite dans ce monde des titres et des calomnies, des décorations et des emprisonnements, des priviléges et des interdictions, des richesses et de la misère, il faut bien, malgré tout, reconnaître que pris ensemble (in globo), nous sommes tous naturellement et chrétiennement frères. Lamennais l'a dit et prouvé, en termes si éloquents, si admirables, que jamais, non jamais, cette tant maudite machine qu'on appelle *presse*, ne pourra trop les reproduire.

Ne pense donc pas que ce soit pour t'amadouer que je débute ainsi, dans cet avant-propos, en t'apostrophant du nom de frère. La flatterie n'est pas mon fort et bien m'en a déjà cui de ma franchise, dans ce siècle de duplicité et de mensonges. Bien m'en cuira peut-être encore pour les quelques lignes que j'ai la sotte hardiesse d'ajouter au livre, qui n'est pas mien, et que j'entreprends, trop témérairement sans doute, de rajeunir pour donner un plus libre cours aux vieilles, mais indestructibles vérités qu'il renferme.

Je voudrais pouvoir te faire comprendre tout mon embarras dans l'exécution de ce dessein que j'ai médité

1

long-temps avant d'oser l'accomplir. Je suis déjà vieux,
et n'ai jamais rien produit. Suis-je plus bête que tant
d'autres qui ont écrit des volumes où l'on ne trouve
pas même une idée ? je ne le crois pas. Mais sans avoir
jamais reçu d'instruction dans aucune école, ni aucun
collége, je me suis formé de moi-même par la lecture.
Heureusement, les mauvais livres n'eurent jamais d'at-
traits pour moi, et le hasard me servit si bien que jamais aussi, d'autres que les bons ne tombèrent sous
ma main. Ce que j'y trouvai me rendit insupportables
toutes les fadaises, niaiseries ou turpitudes qui abon-
dent dans le plus grand nombre. J'ai pris du goût
pour ces moralistes anciens qui ont écrit tant de bonnes
et belles choses, en style si naïf, si franc, si entraî-
nant, qu'il faut s'étonner que leurs œuvres, qui pourtant ont eu leur effet, n'en aient pas produit davantage. Le nouveau, dans les écrits du jour, ne m'a plu,
parce que, selon moi, ce n'est pas du nouveau, et
qu'en effet, dans les meilleurs, rien ne s'y trouve qui
n'ait été déjà dit et beaucoup mieux par nos bons de-
vanciers. Pourquoi donc faire du neuf, quand le vieux
est si bon, si clair et si net, me disais-je toujours ?
Pourquoi ne pas lire ceux-là ; ils me plaisent tant à
moi, comment se fait-il qu'ils ne plaisent de même à
tout le monde ? Quelque fois il m'a pris envie, par essai seulement, d'en lire quelques passages à ces pauvres gens qui ont le malheur de ne savoir pas lire. J'ai
été tout enchanté de cette épreuve. Il fallait voir comme
ils s'ébahissaient à les ouïr. C'était pour eux un vrai
régal que cette lecture. Ils la savouraient au mieux.
C'est qu'à la vérité j'avais soin de leur expliquer, aussi
bien qu'il m'était possible, le vrai sens caché parfois
sous ce vieux langage malheureusement passé de mode.

Telle est l'origine de la fantaisie qui me prend aujourd'hui.

Mais combien de fois, tout résolu que j'étais dans ce dessein, j'ai dû abandonner l'œuvre, parce qu'en effet, je m'apercevais à chaque pas que je gâtais l'ouvrage, et, qu'en voulant badigeonner la maison, je la dégradais. Aussi, lecteur, tu ne me sauras jamais assez de gré de ma peine dans l'exécution d'un travail si ingrat où je n'ai persisté que par dévoûment, car j'ai l'intime conviction que le mets que je t'offre est bien inférieur, par cela seul que je l'ai arrangé à ton goût. C'était pour moi un vrai crève-cœur semblable à celui que doit éprouver un tailleur, qui, plein d'enthousiasme et d'engoûment pour ces beaux costumes grecs et romains que le grand Talma a mis en si bonne vogue sur notre théâtre, est obligé, pour satisfaire à la capricieuse mode, de tailler et symétriser les mesquins habillements dont nous nous accoutrons. Encore celui-là nous en donne-t-il pour notre argent; il fait son métier pour vivre, et moi je n'ai entrepris cette fatiguante et pénible transformation que pour ton utilité. Je ne regretterai ni mon temps, ni ma peine, si j'atteins ce but qui est et sera toujours mon unique pensée.

Au lieu de m'étendre si long-temps sur ce point où la bonne intention suffisait, ce me semble, pour justifier le téméraire méfait, j'aurais dû te parler, me diras-tu peut-être, du mérite de l'auteur dont je viens t'offrir l'antique enfant drapé à la moderne : Faire son apologie, vanter ses talents, prôner ses vertus, exalter sa gloire, encenser son image, c'est là ce que font chaque jour nos habiles de l'Institut, non envers leurs confrères vivants, car l'envie les entre-dévore, mais envers les défunts. C'est la tâche obligée de chaque immortel nouveau-né pour l'immortel trépassé, lors de son entrée dans ce prétendu temple des sciences où viennent s'enfouir plutôt que s'entre-nourrir les talents en tous genres, et qu'on pourrait appeler à plus juste titre le *campo santo* * de nos gloires littéraires. Mais serait-ce à moi, chétif, d'imiter ces faiseurs de belles phrases, ces fabricants d'éloges de commande qu'ils débitent si emphatiquement? Ce n'est pas que je n'eusse un plus beau thème qu'eux, car je pourrais, en deux mots, te faire le portrait de mon auteur, et te dire en style non-académique, mais laconien : « Il a vécut en Caton et mourut en Socrate ». Mais entrer dans d'autres détails, je ne le pourrais, et quelque fut l'art que je misse à te parler de ce bon Étienne de la Boëtie, je serais toujours fort au-dessous de mon sujet. Je préfère donc te le faire connaître en te rapportant tout simplement ce qu'en a dit son tant bon ami Montaigne dans son chapitre : *de l'Amitié*, et en reproduisant ici, par extrait, quelques-unes des lettres où ce

---

* C'est ainsi qu'on nomme ordinairement les cimetières dans presque toute l'Italie. Celui de Naples est remarquable par sa singularité. Il est composé de 366 fosses très-profondes. Chaque jour on en ouvre une, on y jette pêle-mêle, après les avoir dépouillés, les cadavres de tous ceux qui sont morts la veille, et le soir cette fosse est hermétiquement fermée pour n'être plus r'ouverte que le même jour de l'année suivante. Ceux qui ont assisté à cette réouverture assurent que, durant cette période, le terrain a entièrement dévoré les cadavres ensevelis et qu'il n'en reste plus aucun vestige.

grand génie, ce profond moraliste, ce sage philosophe nous dit les vertus de sa vie et le calme de sa
mort. J'espère qu'après avoir lu ces extraits *, tu me
sauras gré de m'être occupé de rajeunir l'œuvre de la
Boëtie, que tu seras même indulgent pour les imper-
fections de la transcription que j'en fais aujourd'hui
et que je t'offre de très-grand cœur. Fais-lui néanmoins bon accueil, plus pour l'amour de toi, que de
moi-même.

Ton frère en Christ et en Rousseau,

Ad. RECHASTELET.

---

* Pour les rendre plus compréhensibles, il m'a fallu
aussi les transformer en langage du jour. C'est un sacrilége! diront quelques-uns; et comme eux je le pense.
Mais est-ce ma faute, à moi, si notre langue a perdu
cette franchise et cette naïveté qui jadis en faisaient
tout le charme? Redevenons meilleurs, et peut-être
retrouverons-nous pour l'expression de nos pensées
une façon plus naturelle et plus attrayante.

1.

# Extrait

DU LIVRE I⁰ᵉ, CHAPITRE XXVII, DES ŒUVRES DE

MICHEL MONTAIGNE, INTITULÉ :

## DE L'AMITIÉ.

En voyant comment un peintre, qui travaille chez moi, s'y prend pour exécuter ses travaux, j'ai résolu de l'imiter. Il choisit et réserve sur chaque paroi le point le plus apparent, le mieux éclairé pour y placer celle de ses œuvres dont l'exécution exige le plus de soins; puis il entoure ce cadre de diverses peintures de fantaisie, n'ayant d'autres grâces que leur forme étrange et leur variété.

Que fais-je ici moi-même, si non un assemblage confus de divers morceaux, rapiécés çà et là, sans forme et sans figure, sans ordre ni proportion?

Jusque là, je vais bien d'accord avec mon peintre; mais en l'autre et meilleure partie, je reste court; car ma capacité ne s'élève pas au point d'oser entreprendre un tableau riche, poli et artistement tracé. Je me suis donc avisé d'en prendre un d'Étienne de la Boëtie qui honorera tous mes autres travaux : c'est un discours auquel il donna pour titre : *la Servitude volontaire*, mais que d'autres, qui l'ignoraient, ont depuis convenablement rebaptisé : *le Contr'un*. Il l'écrivit par manière d'essai, dans sa première jeunesse * en l'honneur de la liberté contre les tyrans. Il se trouve déjà, et depuis quelque temps, dans les mains des gens instruits qui l'ont en très-grande et très-juste estime; car il est gracieux et accompli de tous points. Ce n'est pas encore dirai-je, le mieux qu'il eût pu faire; et si, à l'âge plus avancé où je l'ai connu, il avait pris, comme moi, la résolution de tracer ses pensées, nous aurions de lui plusieurs écrits rares qui rivaliseraient avec tout ce que l'antiquité nous a transmis de plus beau; car, sous le rapport du génie qu'il avait reçu de la nature, je n'en vois point qui lui soit comparable. Mais il n'est resté de lui, et comme par

---

* N'ayant pas atteint la 18ᵉ année de son âge.

hasard encore, que ce discours, qu'il n'a même
plus revu depuis qu'il le composa, et quelques
notes sur cet édit de janvier *, fameux par
nos guerres civiles, qui trouveront peut-être
place ailleurs. C'est là, outre le petit recueil
de ses œuvres que j'ai fait imprimer **, tout
ce que j'ai pu recouvrer de ses reliques, moi,
qu'il laissa par son testament, au moment
même de sa mort, et avec une si affectueuse
recommandation, héritier de sa bibliothèque
et de ses papiers, aussi suis-je d'autant plus par-
ticulièrement redevable à cette œuvre qu'elle
fut la cause de notre première accointance; car
elle me fut montrée long-temps avant que
je le connusse, et c'est par elle que j'appris son nom, acheminant ainsi cette amitié
que nous avons nourrie, tant qu'à Dieu il a plu,
entre nous, si entière et si parfaite que certainement les livres n'en décrivent guère de
pareilles, et parmi nos contemporains, on n'en

---

* Donné en 1562 sous le règne de Charles IX, encore mineur. Cet édit accordait aux huguenots l'exercice public de leur religion ; on y trouve un article
sur la manière dont les protestants doivent se conduire, et il y est dit : « Qu'ils n'avanceront rien de
contraire au concile de Nicée, au symbole, ni au livre
« de l'ancien et du nouveau Testament ».
** A Paris en 1571.

voit pas même de trace. Il faut tant d'occasions pour en former de semblables, que c'est beaucoup si ce bonheur arrive une fois en trois siècles.

C'est en effet un nom bien beau et plein de charmes que le nom de frère, et c'est pour cela que nous nous appelions ainsi, lui et moi : mais cette diversité d'intérêt dans une même famille, ces partages qui font que la richesse de l'un cause la pauvreté de l'autre, cela relâche et brise tout lien fraternel, les frères ayant à parcourir une carrière presque semblable à progresser, dans les mêmes sentier et chemin, il faut bien qu'ils se heurtent et s'entrechoquent souvent. De plus la correspondance et les relations qui engendrent ces vraies et parfaites amitiés, comment se trouveraient-elles entr'eux ? Le père et le fils peuvent être d'un caractère tout-à-fait opposé et les frères aussi : C'est mon fils, c'est mon parent ; mais c'est un homme farouche, méchant ou sot. Et puis à mesure que ce sont des amitiés que la loi ou l'obligation naturelle nous impose, il y a d'autant moins de notre choix et libre volonté, et notre libre volonté n'a pas de résultat qui lui soit plus propre, que l'affection, l'amitié. Ce n'est pas que je n'aie éprouvé de ce côté tout ce qui peut en être, ayant eu le meilleur père qui fut jamais et le plus indulgent de tous jusqu'à son extrême vieillesse, et étant d'une famille citée de père en fils comme exemplaire sous le rapport de la concorde fraternelle *.

. . . . . . . . . . . . . . . . .

. . . . . . . . . . . . . . .

. . . . Au reste ce que nous appelons ordinairement amis et amitiés ne sont qu'accointances et familiarités occasionées par certaine convenance au moyen de laquelle nos ames s'entretiennent. Mais, dans l'amitié dont je parle, elles se mêlent et se confondent l'une en l'autre par une fusion si parfaite, si universelle et chacune d'elles s'unit si intimement à l'autre qu'on ne retrouve plus même le ciment qui les a jointes. Si on me presse de dire pourquoi je l'aimais (la Boëtie), je sens que cela ne peut s'exprimer qu'en répondant : parce que c'était lui, parce que c'était moi. Il y a au-delà de toute expression et de tout ce que je pourrais en dire, je ne sais quelle force incompréhensible et inévitable source et continuel aliment

---

* Connu moi-même par l'affection que j'ai témoignée à mes frères (Hor. od. 2, liv. 2, v. 6.).

de cette union. Nous nous cherchions avant de
nous être vus, et, par des récits qu'on nous faisait l'un de l'autre notre affection progressait
beaucoup plus que ne le comporte la raison des
rapports. Aussi crois-je que c'était par pure
volonté du Ciel. Nos noms s'étaient, pour ainsi
dire, enlacés ensemble : et à notre première
rencontre, qui fut par hasard en une grande
réunion et fête de ville, nous nous trouvâmes
si épris, si connus, si charmés l'un de l'autre,
que dès lors rien ne nous fut si cher, si proche
que l'un à l'autre. Il écrivit une satire latine
excellente, qui fut publiée et dans laquelle il
justifie et explique la précipitation de notre
bonne intelligence si promptement parvenue à
sa perfection. Ayant malheureusement si peu
à durer et ayant commencé si tard, elle n'avait
point de temps à perdre, et ne pouvait se régler
sur le modèle de ces amitiés molles et régulières auxquelles il faut tant de précautions et de
si longues et préalables conversations. Celle-ci
au contraire n'a d'autre origine qu'elle même
et ne peut se rapporter à d'autre cause. Ce n'est
pas une considération spéciale, ni deux ni trois,
ni quatre, ni mille. C'est je ne sais quelle quin-
tessence de tout ce mélange qui, ayant saisi
toute ma volonté l'amena à se plonger et se perdre dans la sienne : qui ayant saisi toute sa vo-

lonté la mena se plonger et se perdre dans la mienne, avec un désir et un entraînement tout-à-fait pareils. Je dis perdre vraiment, car nous ne réservâmes rien qui nous fut propre et qui demeurât exclusivement ou sien ou mien.

. . . . . . . . . . . . .

Aussi n'est-il en la puissance d'aucun raisonnement de déloger de ma pensée la certitude que j'ai des intentions et des sentiments de mon ami. Aucune de ses actions ne pourrait m'être présentée, sous quelque aspect que ce fut, que je n'en trouvasse incontinent le ressort. Nos ames ont cheminé si uniment ensemble, elles se sont considérées avec une si tendre affection et se sont trouvées, jusque dans leurs plus secrètes pensées, tellement semblables, que, non-seulement je connais la sienne comme la mienne, mais que je me fusse certainement fié plutôt à lui qu'à moi.

Qu'on ne mette pas sur le même rang ces autres amitiés communes. Je les connais autant qu'un autre et même les plus parfaites en leur genre. Mais qu'on ne confonde pas leurs règles; on se tromperait fort. Il faut, dans ces sortes d'amitiés, marcher toujours la bride en main, avec prudence et précaution. La liaison n'est pas nouée de manière qu'on ait à s'en défier. « Aimez-le, disait Chilon, comme ayant quel-

2

« que jour à le haïr, haïssez-le comme ayant
« à l'aimer. » Ce précepte si abominable en
cette souveraine et maîtresse amitié, peut bien
être salutaire en l'usage des amitiés ordinaires
et banales, à l'égard desquelles il faut employer le mot familier d'Aristote : « O mes amis !
« il n'est point d'ami ! » Mais dans le délicieux
commerce de la véritable amitié, les offices et
les bienfaits, qui entretiennent les amitiés communes, ne méritent pas seulement d'être mis
en compte ; cette fusion complète de nos volontés en est la cause : car de même que l'amitié
que je me porte ne reçoit point d'augmentation
pour les secours que je me donne au besoin
(quoiqu'en disent les stoïciens), et comme je
ne me sais aucun gré du service que je me rends,
de même, l'union de tels amis étant véritablement parfaite, elle leur fait perdre le sentiment
de tels devoirs, et haïr et chasser d'entr'eux ces
mots de division et différence, de bienfait,
obligation, reconnaissance, prière, remerci-
ment, et autres termes pareils. Tout étant en
effet commun entr'eux, volontés, pensées, ju-
gements, biens, honneur et vie, et leur intime
sympathie ne faisant *qu'une ame en deux corps*,
selon la très-propre définition d'Aristote, ils
ne peuvent se prêter, ni se donner rien.

Si dans l'amitié dont je parle, l'un pouvait donner à l'autre, ce serait celui qui recevrait le bienfait qui obligerait son compagnon : car cherchant l'un et l'autre, plus que tout, de s'entre-bien-faire, celui qui en fournit la matière et l'occasion, celui-là est le libéral, procurant ainsi à son ami ce contentement d'effectuer envers lui ce qu'il désire le plus . .

. . . . . . . . . . . . .

. . . Car cette parfaite amitié est indivisible. Chacun se donne si entier à son ami qu'il ne lui reste plus rien à reporter ailleurs; il regrette au contraire de n'être pas double, triple ou quadruple, et de n'avoir pas plusieurs ames et plusieurs volontés pour les conférer toutes à ce même ami.

Quant aux amitiés communes, on peut les départir; on peut aimer en celui-ci la beauté, en cet autre la facilité de ses mœurs; en l'autre la libéralité; en celui-là la paternité; en cet autre la fraternité, ainsi du reste : mais cette amitié qui possède l'ame et la domine en souveraine, il est impossible qu'elle soit double. Si deux vrais amis demandaient en même-temps à être secourus, s'ils requéraient de vous des offices contraires, quel parti prendriez-vous? Si l'un d'eux confiait à votre discrétion un secret qu'il fut utile à l'autre de savoir, comment

vous tireriez-vous d'embarras? L'unique et
principale amitié dégage de toute autre obligation : le secret que j'ai juré ne décéler à un
autre, je puis, sans parjure, le communiquer
à celui qui n'est pas autre, car il est moi. C'est
un assez grand miracle de se doubler ainsi, et
ils n'en connaissent pas tout le prodige, ceux
qui parlent de se tripler.

La similitude exclut toute supériorité : et
celui qui supposerait que, de deux, j'en aime
autant l'un que l'autre et qu'ils s'entr'aiment
et m'aiment autant que je les aime, s'efforcerait
en vain de partager entre plusieurs la chose
la plus indivisible, la plus unique et la plus rare
qui soit au monde.

. . . . . . . . . . . . . . . . . .

. . . . . Je souhaiterais parler à des gens qui
eussent éprouvé ce que je sens : mais sachant
que rien n'est plus éloigné du commun usage
qu'une telle amitié, je ne m'attends pas à en
trouver aucun bon juge; car les discours même
que l'antiquité nous a transmis à ce sujet me
paraissent faibles et insignifiants auprès du sentiment que j'en ai, et, en ce point, les effets surpassent les préceptes même de la philosophie.
HORACE dit : Rien n'est plus doux pour l'homme
sage, qu'un tendre ami (Sat. 5, liv. 1, V. 44).
L'auteur Ménandre disait aussi : « Que celui-là

« était vraiment heureux qui avait pu ren-
« contrer l'ombre d'un ami. »

Il avait certes raison de le dire, même s'il en
avait goûté. Car en vérité, si je compare tout
le reste de ma vie, quoique par grâce de Dieu
je l'aie passée douce, aisée, et sauf la perte
d'un tel ami, exempte d'affliction poignante,
pleine de tranquillité d'ame, ayant pris toutes
mes commodités naturelles et originelles, sans
en rechercher d'autres; si je la compare, dis-je,
toute, aux quatre années qu'il m'a été donné
de jouir de la douce compagnie et société de ce
cher et tant bon ami, le reste n'est que fumée,
ce n'est qu'une nuit obscure et ennuyeuse.
Depuis le jour où je le perdis, je ne fais que
me traîner languissant, et les plaisirs même qui
s'offrent à moi, au lieu de me consoler, ne font
que redoubler le regret de sa perte: nous étions
à moitié de tout; il me semble que, lui mort,
je dérobe sa part. J'étais déjà tellement fait et
accoutumé à être deuxième en tout et partout,
qu'il me semble n'être plus qu'un demi-être.

Il n'est aucune de mes actions, aucune de
mes pensées auxquelles il ne soit présent;
comme il l'eût certainement fait envers moi;
car de même qu'il me surpassait d'une distance
infinie en talents et en vertu, il valait aussi
bien plus que moi dans les devoirs de l'amitié.

2.

# Extraits

### DE DIVERSES LETTRES DE MICHEL MONTAIGNE
#### SUR SON AMI ÉTIENNE DE LA BOÉTIE.

---

### A M. LE CHEVALIER DE LANSAC, SOUS-INTENDANT DES FINANCES, ETC.

Monsieur, je vous envoie la *Ménagerie de Xénophon* mise en français par feu monsieur de la Boëtie ; ce présent me semble d'autant plus vous convenir que c'est l'ouvrage d'un beau génie, célèbre dans la paix comme à la guerre, et qu'il a été traduit par un homme vertueux que vous avez aimé et estimé pendant sa vie. C'est vous exciter à persister dans la bonne opinion que vous eûtes toujours de lui. Et vous ne devez pas craindre, monsieur, que cette estime s'accroisse en vous, qui n'avez pu l'apprécier que par les témoignages publics qu'il avait donnés de ces qualités ; car je puis vous affirmer que sa capacité était tellement supérieure, que vous n'avez pû en connaître que

très-imparfaitement le mérite. Il me fit, de son
vivant, l'honneur insigne (que je mets au rang
de la meilleure de mes fortunes) de former
avec moi un lien d'amitié, si étroit, si serré,
qu'il n'y avait place, mouvement, ni ressort
dans son ame, que je ne pusse sonder, considérer et juger, autant qu'intellectuellement
ma vue le comportait. Or, sans mentir, il était,
à tout prendre, si prodigieux, que pour ne pas
exciter le doute, en dépassant les bornes de la
vraisemblance, je suis obligé, en parlant de
lui, de me restreindre et de rester au-dessous
de ce que je pourrais en dire d'avantageux .

. . . . . . . . . . . . . . .

A M. DE MESMES, CONSEILLER DU ROI EN SON CONSEIL
PRIVÉ (30 *avril* 1570).

. . . . . . Ce n'est pas sans raison que l'enfance et la simplicité ont de tout temps été si
recommandables. Pour ma part, j'aime mieux
être plus calme et moins habile, plus content
et moins savant. Voilà pourquoi, monsieur,
quoique beaucoup de gens d'esprit se moquent
du souci que l'on prend sur ce qui se passera
après nous, attendu qu'une fois délogée notre
ame ne s'occupera plus des choses d'ici-bas;
j'estime toutefois que c'est un grand dédom-

magement à la faiblesse et à la brièveté de notre vie, de croire qu'elle puisse, pour ainsi
dire, se prolonger par la réputation et la renom-
mée; et j'embrasse très-volontiers cette agréa-
ble et favorable opinion, innée en nous, sans
rechercher comment ni pourquoi. C'est pour
cela qu'ayant aimé, plus que toute chose au
monde, monsieur de la Boëtie, selon moi, le
plus grand homme de notre siècle, je croîrais
manquer grandement à mon devoir, si je lais-
sais volontairement du moins, tomber dans
l'oubli et se perdre la mémoire d'un nom si digne et si recommandable, et si je n'employais
tous mes soins à le relever et le faire revivre.
Il me semble que lui-même voit mes efforts à
ce sujet, qu'il en est touché, qu'il s'en réjouit.
Et en effet, son souvenir m'est si présent, il est
en moi si entier et si vif, que je ne puis le croire
si profondément sous terre, ni tout-à-fait séparé
de moi. Or, chaque fois que je parle de lui,
que je le fais connaître, que je répète son nom,
il me semble que je renouvelle pour lui cette
seconde existence; et comme ce même nom
doit s'honorer et s'ennoblir de l'accueil qu'il
reçoit, ma tâche n'est pas seulement de le ré-
pandre le plus qu'il me sera possible, mais
aussi d'en confier la garde aux gens d'honneur
parmi lesquels vous tenez un rang si distin-
gué, etc.

A MONSEIGNEUR DE L'HOPITAL, CHANCELIER DE
FRANCE, ETC. (30 avril 1570).

MONSEIGNEUR,

Je crois bien que vous autres, à qui la fortune et la raison ont confié le gouvernement
des affaires publiques, recherchez avec le plus
grand soin à bien connaître les hommes auxquels vous conférez les diverses charges : et
certes il n'est pas de communauté, si chétive
qu'elle soit, qui ne puisse fournir assez d'hommes capables de les remplir, pourvu que la
répartition et le choix se fassent avec discerne-
ment et justice. Ce point là assuré, peu reste-
rait à faire pour la parfaite organisation d'un
état. Or, plus cela est désirable, plus c'est difficile, car votre vigilance ne peut s'étendre
jusqu'à bien choisir parmi la foule si nombreuse et si répandue, ni jusqu'à pénétrer au
fond des cœurs pour y sonder les intentions et
les consciences, choses si importantes à apprécier : de sorte qu'aucune organisation de la
chose publique n'a eu lieu jusqu'ici, sans qu'on
y ait remarqué ce défaut de répartition et de
choix. Et en celles où l'ignorance et la méchanceté, la fraude, les faveurs, les brigues
et la violence dominent, si quelque élection

porte sur la droiture et le mérite, nous
devons l'attribuer au seul hasard qui, cette
fois, s'est rencontré d'accord avec la raison.

Ces considérations, monsieur, m'ont souvent expliqué comment M. Étienne de la Boëtie,
l'un des hommes les plus remarquables et les
plus propres aux premières charges de l'état,
a pu rester, tout le temps de sa vie, oublié et
accroupi au coin de son foyer domestique, au
grand détriment de l'intérêt public : car, pour
lui, je vous assure, monsieur, qu'étant pourvu
de tous les biens et trésors qui font braver
l'infortune, il n'a jamais vécu plus satisfait,
ni plus content. Je sais bien qu'il fut élevé aux
dignités qui, dans son pays, sont les plus considérées, et je sais aussi que jamais homme n'y
développa plus de talent et qu'à l'âge de 32 ans,
où il mourut, il s'était déjà acquis une réputation que nul autre de ses collègues n'avait eue.
Mais toujours est-il qu'il n'était pas juste de
laisser dans le rang des soldats un si digne capitaine, ni d'employer dans les charges moyen-
nes, celui qui eût si bien figuré dans les plus
élevées. Vraiment ses forces furent mal appré-
ciées et trop épargnées : car, au-delà des soins
de sa charge, il lui restait beaucoup de loisirs
dont la chose publique eût pu profiter et lui-

même aussi pour acquérir plus de gloire *.

---

* On voit, par là, que Montaigne sentait parfaite-
tement le vice inhérent à tout gouvernement monar-
chique qui, accaparant la nomination de tous les emplois, ne peut jamais parvenir à les confier à ceux
qui mériteraient de les remplir. Montaigne avait sans
doute pensé dès lors, quoiqu'il ne l'ait pas énoncé,
à cet admirable système de l'élection populaire si favorable à la découverte du vrai mérite et contre lequel les privilégiés de nos jours ne se récrient tant
que parce qu'ils savent fort bien que sa seule mise en
pratique obligerait les fripons qui nous exploitent à
se comporter comme des gens honnêtes, s'ils voulaient
être investis de la confiance du peuple. *Et si* ( comme
l'a bien dit le grand Massillon ), *l'envie de lui plaire*
*peut former des hypocrites, outre que le masque tombe,*
*tôt ou tard, et que l'hypocrisie se trahit toujours elle-*
*même, c'est du moins un hommage que le vice rend à la*
*vertu en s'honorant même de ses apparences* ( Petit
Carême : Exemples des grands ).
    Montaigne ressentit lui-même le bienfait de l'élec-
tion, car il fut deux fois appelé par le vœu de ses concitoyens à l'honorable charge de maire de Bordeaux;
et bien que cette élection ne fût pas tout-à-fait populaire, toutefois elle approchait de ce caractère par
suite des réserves et franchises dont jouissaient certaines provinces de France, où les maires n'étaient
pas, comme ils le sont partout aujourd'hui, de nomination royale; or, il n'y eut jamais dans Montaigne
l'étoffe d'un maire royal. Il fut aussi nommé aux états
pour défendre les intérêts de ses concitoyens et fut
admis alors à la cour de Charles IX. Quel contraste
que le vis-à-vis de ces deux figures !!

A l'opposé du maçon qui place la plus belle
partie de la maison sur la façade, ou du mar-
chand qui pare sa montre du plus riche échan-
tillon de sa marchandise, ce qu'il y avait en
lui de plus précieux, le meilleur suc, la vraie
moelle de son mérite l'ont suivi au tombeau et
il ne nous est resté que les feuilles et l'écorce.
Celui qui pourrait nous montrer les régulières
émotions de son ame, sa piété, sa vertu, sa
justice, la vivacité de son esprit, la solidité et
la netteté de son jugement, la hauteur de ses
conceptions si élevées au-dessus du vulgaire,
son savoir, ses grâces, compagnes ordinaires
de toutes ses actions, le tendre amour qu'il portait à sa malheureuse patrie et la haine capitale et jurée contre tout vice et surtout contre
ce détestable trafic recouvert du titre honorable de justice, ferait certainement naître dans
le cœur de tous les gens de bien une vive affection pour lui, mêlée du plus sincère regret sur
sa mort prématurée.

# Extrait

DE LA LETTRE QUE MICHEL MONTAIGNE ÉCRIVIT A SON
PERE, SUR LES DERNIERS INSTANTS DE SON AMI ÉTIENNE
DE LA BOÉTIE.

***

Quant à ses dernières paroles, nul ne peut en
rendre aussi bon compte que moi, soit parce
que, pendant tout le cours de sa maladie, c'est
à moi qu'il parlait plus volontiers qu'à tout
autre, soit parce qu'à cause de l'étroite et fraternelle amitié que nous nous portions réci-
proquement, j'avais, autant qu'homme peut
l'avoir de son semblable, une parfaite connaissance des idées, intentions et pensées qu'il avait
eues durant sa vie et qui toutes étaient élevées,
vertueuses, pleines de vigueur, enfin admirables. Je prévoyais bien que si la maladie lui
laissait la faculté de s'exprimer, il ne lui échap-
perait rien, dans une telle occurrence, qui ne
fût grand et vraiment exemplaire ; aussi y ap-
portais-je la plus grande attention. Il est vrai,

monseigneur, que ma mémoire est courte et
qu'absorbé d'ailleurs par le trouble que me
causait une si cruelle perte, il est presqu'impossible que je n'aie oublié beaucoup de choses
que je voudrais me rappeler et faire connaître;
mais celles dont je me souviens, je vous les dé-
crirai avec le plus de vérité qu'il me sera possible. Car pour vous retracer cette fermeté
constante et ce mâle courage dans un corps
affaibli et brisé par les furieuses atteintes de la
douleur et les angoisses de la mort, j'avoue
qu'il faudrait un style bien supérieur au mien;
parce que, bien que durant sa vie, lorsqu'il
parlait de choses graves et importantes, il en
discourait de manière qu'il eût été difficile de
les rendre aussi bien que lui, toutefois, dans
ce moment extrême, il semblait que son génie
et sa langue s'efforçassent à l'envi de lui rendre
leur dernier service en se montrant dans leur
plus brillant éclat; car jamais je ne le trouvai
si élevé, si sublime d'imagination et d'éloquence qu'il le fut dans ses derniers instants.
Au reste, monseigneur, si vous remarquez que
j'ai rapporté ses moindres et plus légers propos, je l'ai fait à dessein, parce qu'étant pro-
férés dans ces moments solennels, au plus fort
de la souffrance, ils sont autant de témoignages
d'une ame pleine de repos, de calme et d'assurance.

. . . . . . . . . . . . . . . . .

. . . Jusques au dimanche ( 15 août 1563 ) il ne m'avait point encore entretenu de ce qu'il pensait sur l'existence humaine. Nous ne parlions que des particularités de sa maladie: d'affaires publiques, bien peu; car je l'en trouvai dégoûté dès ma première visite. Il eût ce jourlà une grande faiblesse, et, dès qu'il fut revenu à lui, il dit: « qu'il avait paru être dans une « confusion totale de toutes choses; n'avoir vu « qu'un épais nuage ou brouillard obscur dans « lequel tout était pêle-mêle et sans ordre; que « cependant il n'avait éprouvé aucun déplai- « sir à cet accident ». La mort n'a rien de pire que cela, lui dis-je alors : « mais n'a rien de si « mauvais » me répondit-il aussitôt.

. Dès lors, et parce que depuis le commencement de sa maladie il n'avait pris aucun sommeil et que malgré tous les soins et médicaments son état allait toujours en empirant de telle sorte qu'on avait en vain employé certains breuvages qu'on ne donne qu'à la dernière extrémité, il commença à désespérer entièrement de sa guérison, et me communiqua ses doutes à cet égard. Ce même jour, je profitai d'un moment de calme pour lui dire : qu'il me siérait mal, à cause de l'extrême amitié que je lui portais, de ne pas veiller à ce que durant

sa maladie, comme il l'avait toujours fait en
pleine santé, ses actions fussent réglées par la
prudence et la sagesse; et que si Dieu voulait
que son état empirât, je serais désolé que,
faute de prévoyance il laissât ses affaires domestiques décousues, tant pour le dommage qui
pourrait en résulter pour ses parents, que pour
sa propre réputation. Il accueillit très-bien cet
avis, et après s'être résolu quelques difficul-
tés, qui, sur ce point, le tenaient en suspens,
il me pria d'appeler son oncle et sa femme,
pour leur faire, à eux seuls, entendre ce qu'il
avait délibéré quant à son testament. Je lui fis
observer qu'il les affligerait. «Non, non, dit-il,
« je les consolerai et leur donnerai bien meil-
« leure espérance de ma guérison que je ne l'ai
« moi-même. » Il me demanda si les faiblesses
qu'il avait eues ne nous avaient pas un peu
effrayés. Ce n'est rien, lui dis-je, ce sont accidents ordinaires en telles maladies. «Vrai-
« ment non, ce n'est rien, mon frère, me
« répondit-il, quand bien même, il en advien-
« drait ce que vous redoutez le plus. » Pour
vous, répliquai-je, ce ne serait qu'un bonheur,
mais le malheur serait pour moi qui perdrait
un si grand, si sage et si sûr ami, et tel que jamais je ne pourrais en trouver de semblable.
« Ce pourrait bien être mon frère, ajouta-t-il,

« et je vous assure que ce qui me porte à
« avoir quelque soin de ma guérison et de ne
« pas aller volontiers moi-même au-devant de
« ce passage que j'ai déjà franchi à demi, c'est
« la peine que j'aurai à me séparer de vous,
« mon ami, et ensuite de ce brave homme et
« de cette brave femme ( parlant de son oncle
« et de sa femme ) que j'aime tous deux égale-
« ment et qui supportent bien impatiemment,
« j'en suis sûr, la perte qu'ils feront de moi,
« laquelle, je le sens, sera grande et pour eux
« et pour vous. J'ai aussi devant les yeux le
« regret qu'éprouveront beaucoup de gens de
« bien qui m'ont aimé et estimé pendant ma
« vie et desquels, certes, je l'avoue, si c'était
« en mon pouvoir, je ne voudrais m'éloigner.
« Si je les quitte, mon frère, je vous prie, vous
« qui les connaissez, de leur rendre bon té-
« moignage du souvenir que je leur ai conservé
« jusqu'au dernier terme de ma vie. Et puis,
« mon frère, il faut le dire, le destin m'avait
« assez bien doté, je n'étais pas né si dépourvu
« de moyens que je n'eusse pu rendre encore
« des services à la chose publique. Mais quoi
« qu'il en soit, je suis prêt à quitter ce monde,
« quand il plaira à Dieu, bien assuré de l'aise
« que vous venez de me prédire. Quant à vous,
« mon ami, je vous connais si sage que quel-

« qu'intérêt que vous preniez à moi, vous
« vous conformerez patiemment et avec rési-
« gnation à tout ce qu'il plaira à Dieu d'ordon-
« ner à mon égard. Je vous supplie de veiller
« à ce que la douleur de ma perte ne pousse
« ce bon homme et cette bonne femme hors des
« bornes de la raison. » Il demanda alors comment ils supportaient déjà son piteux état. Assez bien, dis-je, vu la gravité de la chose. « Oui,
« poursuivit-il, pendant qu'ils ont encore quel-
« que espérance; mais si une fois elle leur est
« enlevée, mon frère, vous aurez bien de la
« peine à contenir leur douleur. » D'après cette
idée, tant qu'il vécut depuis, il leur cacha
toujours soigneusement la certitude qu'il avait
de sa mort, me priant bien fort d'en user de
même envers eux. Quand il les voyait près de
lui, il s'efforçait d'être plus gai et les repaissait
de belles espérances.

Sur ce, je le laissai un instant pour aller les
appeler. Ils composèrent leur figure du mieux
qu'ils purent pour le moment. Et après nous
être assis autour de son lit, nous quatre seuls,
il parla ainsi, d'un visage calme et tout ra-
dieux : « Mon oncle, ma femme, je vous as-
« sure, sur ma foi, que nulle nouvelle atteinte
« de ma maladie ou nulle mauvaise opinion
« de ma guérison ne m'a inspiré l'idée de vous

« entretenir ; car, Dieu merci, je me sens beau-
« coup mieux et je suis plein de bonne espé-
« rance ; mais ayant depuis long-temps appris,
« tant par longue expérience, que par longues
« études, le peu d'assurance qu'il y a dans l'in-
« stabilité et l'inconstance des choses humai-
« nes, et même en notre vie, à laquelle nous
« sommes si attachés, bien qu'elle ne soit
« qu'une vraie fumée, un souffle, presque rien ;
« et, considérant aussi que puisque je suis ac-
« tuellement malade, je me trouve d'autant
« plus rapproché du danger de la mort, j'ai
« résolu de mettre quelqu'ordre à mes affaires
« domestiques, après avoir pris d'abord vos
« conseils à cet égard. » Et puis s'adressant à
son oncle : « Mon bon oncle, dit-il, si j'avais à
« vous rendre à cette heure compte de toutes
« les obligations que je vous ai, je n'aurais ja-
« mais fini : il suffit que jusqu'à présent, où
« que j'aie été et à quiconque j'en aie parlé,
« j'ai toujours dit que tout ce que le plus sage,
« le meilleur et le plus libéral des pères peut
« faire pour son fils, vous l'avez fait pour moi ;
« soit en me faisant instruire dans les lettres,
« soit en m'introduisant et me poussant dans
« les emplois publics : de telle sorte que cha-
« que instant de ma vie fut marqué par les
« grands, remarquables et bons offices d'ami-

« tié que vous me prodiguâtes. En somme,
« tout ce que j'ai, je le tiens de vous, je recon-
« nais qu'il est à vous, je vous en suis redeva-
« ble ; en un mot vous êtes un vrai père. Ainsi,
« comme fils de famille, je ne puis disposer de
« rien, si vous ne m'en donnez la permission. »
Lors il se tut, et attendit que les soupirs et les
sanglots eussent permis à son oncle de lui répondre : qu'il trouverait très-bien tout ce qu'il
plairait de faire. Alors le déclarant son héritier, il le supplia de reprendre le bien qu'il
avait eu de lui.

Puis s'adressant à sa femme : « Ma semblan-
« ce, dit-il ( ainsi l'appelait-il souvent pour
« quelque ancienne alliance qui existait en-
« tr'eux), joint à vous par le saint nœud du ma-
« riage qui est l'un des plus respectables et
« inviolables que Dieu nous ait imposé ici-bas
« pour l'entretien de la société humaine, je
« vous ai aimée, chérie et estimée autant que
« possible et je suis entièrement convaincu que
« vous m'avez porté une affection toute réci-
« proque que je ne saurais jamais assez recon-
« naître. Je vous prie donc de prendre de la
« part de mes biens ce que je vous destine, et de
« vous en contenter quoique je sache que c'est
« très-peu au prix de tous vos mérites ».

Se tournant ensuite vers moi : « Mon frère,

« dît-il, vous que j'aime si tendrement ; que
« j'avais choisi, parmi tant d'hommes pour re-
« nouveler ensemble l'exemple de cette ver-
« tueuse et sincère amitié, dont les vices ont
« tellement et depuis si long-temps banni d'en-
« tre nous la pratique, qu'il n'en reste plus que
« quelques vieilles traces dans les souvenirs de
« l'antiquité ; je vous supplie de vouloir bien
« en mémoire de mon affection pour vous, hé-
« riter de ma bibliothèque et de mes livres ;
« c'est un présent bien petit, mais qui part d'un
« bon cœur et qui vous convient à cause de
« l'amour que vous portez aux lettres. Ce sera
« un souvenir de votre ami. »

Puis, parlant à tous trois généralement, il
loua Dieu de ce qu'en une si extrême nécessité,
il se trouvait entouré de tout ce qu'il avait
de plus cher au monde. Il lui paraissait beau
de voir réunies quatre personnes s'accordant
si bien et si étroitement liées d'amitié, persua-
dé qu'il était, disait-il, que nous continuerions
à nous entr'aimer de la même manière et réci-
proquement. Et nous ayant recommandé les
uns aux autres, il poursuivit ainsi : « Ayant
« mis ordre à mes biens, encore faut-il que je
« pense à ma conscience. Je suis chrétien, je
« suis catholique. Tel j'ai vécu, suis-je décidé
« à clore ma vie. Qu'on fasse venir un prêtre,

« car je ne veux manquer à ce dernier devoir
« d'un chrétien. »

Il termina ainsi cette étonnante conversation
qu'il avait soutenue avec une telle assurance
de visage, avec une telle force de parole et de
voix, que bien que je l'eusse trouvé, en entrant
dans la chambre, faible, traînant avec peine
les mots les uns après les autres, ayant le pouls
abattu comme dans une fièvre lente, tirant vers
la mort, le visage pâle et tout défait, il semblait qu'alors, et comme par miracle, il eût repris quelque nouvelle vigueur : son teint était
plus vermeil, son pouls plus fort au point que
je lui fis tâter le mien, afin qu'il pût les comparer ensemble. Dans l'instant j'eus le cœur si
serré, que je ne sus lui répondre. Mais deux ou
trois heures après, soit pour soutenir en lui
cette grandeur d'ame, soit parce que, jaloux,
comme je le fus toute ma vie, de faire briller
sa gloire et son honneur, je désirais qu'il y eût
plus de témoins de tant et si belles preuves de
magnanimité, je saisis le moment où il y avait
une plus nombreuse compagnie dans la chambre pour lui dire que j'avais été vivement ému
en l'entendant, lui, accablé par une si cruelle
maladie, nous parler avec tant de courage des
derniers instants de la vie; que jusqu'alors
j'avais pensé que Dieu ne nous avait point doté

d'une aussi grande supériorité sur les accidents humains ; que j'avais toujours difficilement ajouté foi à ce que je lisais à cet égard dans les histoires ; mais que venant d'en acquérir une preuve si patente, je bénissais Dieu de ce qu'il me l'eût montrée en une personne qui m'aimait tant et que je chérissais si affectueusement ; que cela me servirait d'exemple et que je m'efforcerais de l'imiter à mon tour.

Il m'interrompit pour me prier d'en user ainsi et de montrer par l'effet que les discours que nous avions tenus ensemble, dans un bon état de santé, n'étaient pas seulement en notre bouche, mais bien gravés profondément dans notre cœur et dans notre ame, pour en faire l'application aux premières occasions qui s'offriraient, ajoutant que là se trouvait la vraie pratique de nos études et de la philosophie *.

---

* Comment se peut-il, qu'après avoir lu ce passage, on ait pu élever des doutes sur les sentimens religieux de Montaigne et que ses détracteurs aient osé l'accuser de scepticisme !! Outre que ce serait une absurdité patente, une véritable hérésie de prétendre que l'*ame en deux corps* (Montaigne et la Boëtie) ait pu être en même temps croyante et mécréante, il suffit de lire son *apologie de Sebonde* pour être convaincu des principes de piété de Montaigne. Il est d'ailleurs bon de remarquer que ceux-là même qui lui ont adressé ce

Et me prenant par la main : « **Mon frère**, mon
« ami, me dit-il, je t'assure que j'ai fait dans
« ma vie beaucoup de choses qui m'ont paru
« bien plus difficiles et m'ont coûté bien plus
« de peine que ce dernier acte. En un mot, il
« y a fort longtemps que j'y étais préparé et que
« j'en avais appris le rôle par cœur. D'ailleurs,
« n'ai-je pas assez vécu à l'âge où je suis ? J'é-
« tais prêt d'entrer dans ma trente-troisième
« année. Dieu m'a fait grâce que tout le temps
« que j'ai vécu et jusqu'à cette heure, j'ai été
« plein de santé et de bonheur : d'après l'incon-

---

reproche d'incrédulité étaient pour la plupart de vrais
mécréants ; on voit en effet figurer parmi eux, et
comme l'un des plus acharnés, ce savant hollando-
flamand du 16ᵉ siècle, Dominique Baudius, huguenot
de religion, protestant continuellement contre la vraie
foi par sa propre immoralité, acrimonieux, disputeur,
pédant ergoteur, haineux par position, intolérant par
système, enfin le Guizot de ce temps-là ( les curieux
pourront consulter, pour le parallèle à établir entre
ces deux êtres, le dictionnaire de Bayle, art. Baudius ).
Or, ces sortes de gens, nous le savons à nos dépens, *ne craignent pas de noircir les plus gens de bien
et veulent toujours vous imposer leur idée de Dieu auquel on pense plus qu'eux, plus souvent, mais autrement*, comme le disait fort spirituellement ce bon
Paul-Louis Courier, vigneron (Collection des pam-
phlets, éd. in-18, tome 2, page 98).

« stance des choses humaines, cela ne pouvait
« durer guère plus. Il était désormais temps
« de se mêler aux affaires et d'y éprouver mille
« déboires et d'essuyer ensuite l'incommodité
« de la vieillesse de laquelle je serai quitte. Et
« puis, il est probable que j'ai vécu jusqu'ici
« avec plus de simplicité et moins de malice
« que je ne l'eusse fait, si Dieu m'eût laissé
« vivre jusques à ce que le soin de m'enrichir et
« d'augmenter mes biens me fut venu à l'idée.
« Quant à moi, j'en suis certain, je vais trou-
« ver Dieu et prendre place dans le séjour des
« bienheureux ».

Or, comme je montrais sur mon visage l'im-
pression que ces tristes paroles me causaient:
« *Comment mon frère*, me dit-il, *voulez-vous ma
faire peur ? Et si je l'avais, à qui serait-ce de me
l'ôter, sinon à vous ?* »

Sur le soir, le notaire qu'on avait mandé
pour recevoir son testament, étant arrivé, il
s'occupa, sur mes indications, d'en préparer
la rédaction et j'allai demander à mon ami, s'il
ne voulait pas le signer : « signer, non, dit-il,
« car je veux le faire moi-même ; mais je vou-
« drais, mon frère, qu'on me donnât un peu de
« loisir, car je me trouv c extrêmement fatigué
« et suis si affaibli que je n'en puis plus : »
je changeai alors de propos ; mais il se reprit

4

soudain et me dit : *Il ne faut pas grand loisir pour
mourir* ; et il me pria alors de savoir si le notaire
avait la main légère, attendu qu'il ne mettrait
pas long-temps à lui dicter son testament ; en
effet, j'appelai le notaire auquel il le dicta sur-
le-champ et si vite que celui-ci eût beaucoup de
peine à le suivre. Ayant achevé il me pria de le
lui lire, et s'adressant à moi : *Voilà*, dit-il, *ce que
les hommes appellent des biens !* Le testament étant
signé, comme sa chambre était pleine de gens,
il me demanda si cela lui ferait mal de parler.
Je l'assurai que non, en lui recommandant
toutefois de parler doucement.

Il fit alors appeler mademoiselle de St.-Quen-
tin sa nièce et lui parla ainsi : « Ma nièce, mon
« amie, depuis que je t'ai connue, j'ai cru re-
« marquer en toi les qualités d'un très-bon na-
« turel, mais ces derniers devoirs que tu rem-
« plis en ce moment auprès de moi avec une si
« tendre affection et une si grande diligence,
« me font surtout bien augurer de toi ; je t'en
« suis vraiment obligé et je t'en remercie bien
« affectueusement. Au reste, pour m'acquitter
« envers toi, je t'exhorte d'abord à être tou-
« jours bien dévouée à Dieu ; car c'est la prin-
« cipale partie de notre devoir et celui-là étant
« bien rempli entraîne à sa suite nécessaire-
« ment toutes les autres actions vertueuses.

« Après Dieu, aime ton père et ta mère, ta mère
« surtout, ma propre sœur, qui est à mes yeux
« l'une des femmes les meilleures et les plus
« sages de ce monde : suis l'exemple de sa vie.
« Ne te laisse point emporter aux plaisirs; fuis,
« comme la peste, ces folles privautés que cer-
« taines femmes ont quelque fois avec les
« hommes; car bien que, dans le principe,
« elles n'aient rien de mauvais, toutefois, pe-
« tit-à-petit, elles corrompent l'esprit et le
« conduisent à l'oisiveté et de là dans le vilain
« bourbier des vices. Crois-moi, la plus sûre
« garde de la chasteté d'une fille, c'est la sévé-
« rité. Je t'en prie, souviens-toi de moi et aie
« souvent en mémoire l'amitié que je t'ai por-
« tée; mais non pour te plaindre et t'affliger de
« ma perte; je défends cela à tous mes amis au-
« tant que je le puis, pour qu'ils ne paraissent
« par m'envier le bien dont la mort va bientôt
« me donner la jouissance. Car je t'assure, ma
« fille, que si, à cette heure, Dieu me donnait
« le choix de retourner à la vie ou d'achever
« le voyage que j'ai commencé, je serais bien
« en peine de choisir. Adieu ma nièce, adieu
« mon amie ».

Il fit ensuite appeler madame d'Arsat, sa
belle-fille, à laquelle il fit aussi semblables ex-
hortations à la vertu....................................

Tous ceux qui étaient dans sa chambre ver-
saient des larmes ou poussaient des cris. Toutefois ils n'interrompirent nullement le fil de
ses discours qui furent un peu longs. Après
cela, il demanda qu'on fit sortir tout le monde,
excepté ce qu'il appelait *sa garnison* (les filles
qui le servaient). Et puis appelant mon frère
de Beauregard : « Monsieur de Beauregard, lui
« dit-il, voulez-vous bien me permettre de
« vous dire ce que j'ai pour vous sur le cœur ?»
sur quoi, mon frère l'en ayant assuré, il poursuivit ainsi : « Je reconnais que de tous
« ceux, qui, comme vous, se sont appliqués
« à la réforme de l'Église, il n'en est, à mes
« yeux aucun qui s'y soit livré avec plus de
« zèle, avec un plus entier et sincère devoû-
« ment que vous ; et je suis intimement persua-
« dé que les seuls vices de nos prélats, qui ont
« en effet besoin d'une grande correction, et
« quelques autres inperfections que le cours
« du temps a malheureusement amenées dans
« notre Église, sont les seuls motifs qui vous
« excitent à cette réforme. Je ne vous en veux
« donc pas, pour le moment, de la provoquer;
« car jamais je ne priai personne de rien faire
« contre sa conscience ; mais ce que j'ai désir
« de recommander à vous et à vos frères, c'est
« qu'ayant sans cesse présent à votre souvenir

« la mutuelle et continuelle concorde qui a
« toujours régné dans votre famille, famille
« que j'ai chérie plus que toute autre et de
« laquelle grand Dieu ! il n'est jamais sorti
« qu'hommes de bien, ayant surtout en mé-
« moire la volonté de votre père, auquel vous
« devez tant et de votre bon oncle, vous fuyiez
« ces partis extrêmes; ne soyez point si âpre, ni
« si violent; accommodez-vous avec eux ; ne
« faites ni bande à part, ni corps séparé ; joi-
« gnez-vous plutôt ensemble. Vous voyez com-
« bien de ruines ces dissentions ont apportées
« dans ce royaume, et je vous réponds qu'elle
« en ameneront de bien plus grandes. Or,
« comme vous êtes sage et bon, gardez-vous
« de jetter les germes de division dans votre fa-
« mille de crainte de lui faire perdre la gloire
« et le bonheur dont elle a joui jusqu'à pré-
« sent. Prenez en bonne part, je vous prie,
« monsieur de Beauregard, ce que je vous en
« dis, et comme un témoignage certain de
« l'amitié que je vous porte. C'est pour cela
« que je me suis réservé jusqu'à cette heure de
« de vous le dire, espérant qu'en l'état où vous
« me voyez, vous accorderez plus de poids et
« d'autorité à mes paroles. » Mon frère l'en re-
mercia bien fort.

Le lundi matin il était si mal qu'il avait

4.

perdu tout espoir de vivre, de sorte que dès
qu'il me vit, il m'appela, et tristement me dit :
« mon frère, n'avez vous pas compassion de
« tant de tourments que je souffre? Ne voyez-
« vous-pas que désormais tous les secours que
« vous me prodiguez ne servent qu'à prolonger
« ma souffrance? » Bientôt après il s'évanouit
et on le crut trépassé ; mais il reprit ses sens à
force de vinaigre et de vin. Cependant il resta
long-temps sans pouvoir reconnaître personne,
et comme il entendait sanglotter autour de lui, il
dit : « Mon Dieu, qui donc me tourmente tant?
« Pourquoi m'arracher au grand et doux repos
« que je goûte ?-Laissez-moi, je vous prie. »
Puis, m'ayant ouï parler, il s'adresse à moi.
« Et vous aussi, mon frère! vous ne voulez donc
« pas que je guérisse? oh! quel bien-être vous
« me faites perdre !! »-Enfin, reprenant encore
courage, il demanda un peu de vin. Et, s'en
étant bien trouvé, il me dit que *c'était la meil-*
*leure* liqueur *du monde. Non certes*, lui dis-je pour
égayer le propos, *car c'est l'eau. C'est aussi mon*
*avis*, me répliqua-t-il, en citant deux mots de
Pindare en langue grecque. Il avait déjà toutes
les extrémités glacées, une sueur froide lui
coulait par tout le corps et son pouls ne battait
presque plus.

Il se confessa ce jour-là, et le lendemain,

mardi, il entendit la messe et accomplît tous
ses devoirs de chrétien, nous recommandant,
à son oncle et à moi, de prier Dieu pour lui.
« Car, ajouta-t-il, ce sont les meilleurs offices
« que les chrétiens puissent se rendre les uns
« aux autres ». En parlant, il s'était découvert
une épaule et il pria son oncle de la lui recou-
vrir, bien qu'il eût un domestique plus près de
lui, et puis, me regardant, il me dit en langue
latine : « C'est d'un cœur noble, de vouloir être
« obligé par celui auquel on doit le plus ». Monsieur Belot vint le voir dans l'après-midi ; en
lui présentant la main, le moribond lui dit :
« Monsieur, mon bon ami, j'avais tout disposé
« pour payer ma dette, mais j'ai trouvé un bon
« créancier qui m'a encore accordé une re-
« mise ». Et un peu après en se réveillant en
sursaut. « Bien, bien, qu'elle vienne quand elle
« voudra, je l'attends gaillardement et de pied
ferme. » Paroles qu'il redit deux ou trois fois
durant sa maladie, et puis comme on lui entr'ouvrait la bouche pour lui faire avaler quelques gouttes, il dit en latin en se tournant vers
monsieur Belot : *La vie est-elle d'un si grand
prix?*.....

Vers le soir de cette journée il commença
vraiment à lutter avec la mort et, pendant que
l'on soupait, il me fit appeler. Je ne trouvai

plus en lui que *l'image* ou même *l'ombre d'un homme* comme il le disait lui-même en bon latin. Aussi c'est avec beaucoup de peine qu'il proféra ces quelques paroles : « Mon frère, mon « ami, plût à Dieu que je visse la réalité de « toutes ces choses qui viennent de se présenter « à mon imagination. » Et après avoir attendu quelques instants, voyant qu'il ne parlait plus, qu'il poussait de grands soupirs, qu'il fesait de vains efforts pour parler encore, mais que sa langue lui déniait entièrement son office : quelles sont-elles ces choses-là ? lui demandai-je : *Grandes ! Grandes !* me répondit-il toujours, et de tout temps, vous me fites l'honneur, poursuivis-je, de me communiquer toutes celles qui se passaient dans votre esprit ; ne voulez-vous pas que j'en jouisse encore ? *Je le voudrais bien, me répondit-il, mais mon frère, je ne puis : elles sont admirables, infinies, indicibles !!* Et nous en demeurâmes-là, car il n'en pouvait plus. De même, un peu auparavant, il avait voulu parler à sa femme, et affectant une espèce de gaité contrainte, il lui annonçait vouloir lui narrer un conte. Il faisait en effet des efforts pour parler ; mais n'en ayant pas la force, ce fut inutile ; il s'évanouit soudain et fut long-temps sans reprendre ses sens. Étant déjà bien voisin de sa mort et entendant pleurer sa femme, il

l'appela et lui dit : « Prenez donc courage,
« certes je supporte moitié plus de peine pour
« le mal que je vous vois souffrir, que pour ce-
« lui que j'endure; et c'est avec raison, parce
« que les maux que nous ressentons nous-
« mêmes, ce n'est pas nous positivement qui les
« éprouvons, mais bien certains sens que Dieu
« nous a donnés; mais ceux que nous ressen-
« tons pour les autres, c'est par notre discer-
« nement et notre intelligence que nous les
« éprouvons, et la peine en est bien plus vive. »
Mais je m'en vais....., disait-il involontaire-
ment, parce qu'en effet le cœur lui manquait.
Or, ayant craint d'avoir, par ces derniers mots,
effrayé sa femme, il se reprit aussitôt et dit :
*Je m'en vais dormir; bon soir ma femme, allez,
retirez-vous.* Ce fut là le dernier congé qu'il
prit d'elle. Et après qu'elle fut partie : « Mon
« frère, me dit-il, tenez-vous auprès de moi,
« s'il vous plaît ». Puis, sentant les étreintes de
la mort plus pressantes et plus poignantes, ou
bien à cause de la force de quelque médica-
ment chaud qu'on lui avait fait avaler, il reprit une voix plus éclatante et plus forte, et se
démena dans son lit avec une telle violence,
que tous ceux qui l'assistaient en conçurent
une sorte d'espoir que, jusques-là, sa seule
faiblesse leur avait entièrement ravi. Cepen-

dant ce qui me fit penser que ses facultés intellectuelles étaient tout-à-fait anéanties, c'est que, dans une espèce de délire, il me priait et me repriait avec affection de lui faire donner une place, et comme il insistait sur ce point, il me contraignit de lui dire : que puisqu'il respirait, parlait et vivait, il occupait son lieu dans l'espace. *Vraiment, vraiment*, me répondit-il, *j'en ai un , mais ce n'est pas celui qu'il me faut : et puis, ..... en un mot.... je n'ai plus d'existence.* Dieu vous en donnera bientôt une nouvelle, lui dis-je. *Y fussé-je déjà, mon frère*, réplique-t-il ; *il y a trois jours que je lutte pour en finir.*

Étant dans ce triste état de détresse, il m'appela souvent, pour s'assurer seulement que j'étais près de lui. Enfin il nous sembla qu'il voulait prendre un peu de repos, ce qui nous confirmait encore plus dans notre bonne, mais bien trompeuse espérance, au point qu'en sortant de sa chambre, je m'en félicitais avec madame de la Boëtie. Mais une heure après, ou environ, me nommant une fois ou deux, et puis, poussant un grand soupir, il rendit l'ame sur les trois heures du mercredi matin, le dix-huitième d'août, l'an mil-cinq-cent soixante-trois, après avoir vécu 32 ans, 9 mois et 17 jours.

# De la Servitude Volontaire

## ou

## LE CONTR'UN.

Homère * raconte qu'un jour, parlant en public, Ulysse dit aux Grecs :

« Il n'est pas bon d'avoir plusieurs maîtres ; « n'en ayons qu'un seul ».

S'il eût seulement dit : *il n'est pas bon d'avoir plusieurs maîtres*, c'eût été si bien, que rien de mieux ; mais, tandis qu'avec plus de raison, il aurait dû dire que la domination de plu-

---

* Le plus célèbre des poétes anciens, duquel J. M. Chénier a dit :

Trois mille ans ont passé sur la cendre d'Homère
Et depuis trois mille ans Homère respecté
Est jeune encore de gloire et d'immortalité.

sieurs ne pouvait être bonne, puisque la puissance d'un seul, dès qu'il prend ce titre de maître, est dure et révoltante ; il vient ajouter au contraire : *n'ayons qu'un seul maître.*

Toutefois il faut bien excuser Ulysse d'avoir tenu ce langage qui lui servit alors pour apaiser la révolte de l'armée, adaptant, je pense, son discours plus à la circonstance qu'à la vérité *. Mais en conscience n'est-ce pas un extrême malheur que d'être assujetti à un maître de la bonté duquel on ne peut jamais être as-

---

* Cet Ulysse était roi lui-même. Comment n'aurait-il pas prêché pour le pouvoir d'un seul ? Excusons-le donc, suivant le désir de ce bon la Boétie, excusons même si l'on veut tous ces plats courtisans qui, d'habitude, ont constamment défendu ce pouvoir pour se gorger aux budjets et s'engraisser de nos sueurs ; mais n'excusons jamais, stigmatisons plutôt ces vils hypocrites qui ont soufflé tour-à-tour le froid et le chaud, et crié, selon l'occurrence, *vive le roi*, *vive la ligue ?* ces bavards sempiternels, imposteurs effrontés qui ont tenu, si impudemment, et quelque fois du jour au lendemain, deux langages tout opposés ; en un mot ces *feseurs de discours à circonstance* dont le nombre a été si grand de nos jours, que l'énorme *Moniteur* lui-même, où ces exemples de bassesses et d'insolents mensonges fourmillent sous toutes les formes, ne nous en donne qu'une bien imparfaite collection.

suré et qui a toujours le pouvoir d'être méchant quand il le voudra? Et obéir à plusieurs
maîtres, n'est-ce pas être autant de fois extrêmement malheureux? Je n'aborderai pas ici
cette question tant de fois agitée : « si la ré-
« publique est ou non préférable à la monar-
« chie ». Si j'avais à la débattre, avant même
de rechercher quel rang la monarchie doit occuper parmi les divers modes de gouverner la
chose publique, je voudrais savoir si l'on doit
même lui en accorder un, attendu qu'il est
bien difficile de croire qu'il y ait vraiment
rien de public dans cette espèce de gouvernement où *tout* est à *un seul.* Mais réservons pour
un autre temps * cette question, qui mériterait
bien son traité à part et amènerait d'elle-même
toutes les disputes politiques.

Pour le moment, je désirerais seulement
qu'on me fît comprendre comment il se peut
que tant d'hommes, tant de villes, tant de nations supportent quelquefois tout d'un Tyran
seul, qui n'a de puissance que celle qu'on lui
donne, qui n'a pouvoir de leur nuire, qu'au-

---

* Si ce bon Étienne vivait aujourd'hui, il n'hésite-
rait pas à traiter la question, et certes, sa solution ne
serait pas à l'avantage de la monarchie.

tant qu'ils veulent bien l'endurer, et qui ne pourrait leur faire aucun mal, s'ils n'aimaient mieux tout souffrir de lui, que de le contredire. Chose vraiment surprenante (et pourtant si commune, qu'il faut plutôt en gémir que s'en étonner)! c'est de voir des millions de millions d'hommes, misérablement asservis, et soumis tête baissée, à un joug déplorable, non qu'ils y soient contraints par une force majeure, mais parce qu'ils sont fascinés et, pour ainsi dire, ensorcelés par le seul nom *d'un*, qu'ils ne devraient redouter, puisqu'il est *seul*, ni chérir, puisqu'il est, envers eux tous, inhumain et cruel. Telle est pourtant la faiblesse des hommes! Contraints à l'obéissance, obligés de temporiser, divisés entr'eux, ils ne peuvent pas toujours être les plus forts. Si donc une nation, enchaînée par la force des armes, est soumise au pouvoir d'un seul (comme la cité d'Athènes le fut à la domination des trente tyrans), il ne faut pas s'étonner qu'elle serve, mais bien déplorer sa servitude, ou plutôt ne s'en étonner, ni s'en plaindre; supporter le malheur avec résignation et se réserver pour une meilleure occasion à venir.

Nous sommes ainsi faits que les communs devoirs de l'amitié absorbent une bonne part de notre vie. Aimer la vertu, estimer les belles actions, être reconnaissant des bienfaits reçus, et souvent même réduire notre propre bien-être pour accroître l'honneur et l'avantage de ceux que nous aimons et qui méritent d'être aimés; tout cela est très-naturel. Si donc les habitants d'un pays trouvent, parmi eux, un de ces hommes rares qui leur ait donné des preuves réitérées d'une grande prévoyance pour les garantir, d'une grande hardiesse pour les défendre, d'une grande prudence pour les gouverner; s'ils s'habituent insensiblement à lui obéir; si même ils se confient à lui jusqu'à lui accorder une certaine suprématie, je ne sais si c'est agir avec sagesse, que de l'ôter de là où il fesait bien, pour le placer où il pourra mal faire, cependant il semble très-naturel et très-raisonnable d'avoir de la bonté pour celui qui nous a procuré tant de biens et de ne pas craindre que le mal nous vienne de lui.

Mais, ô grand Dieu! qu'est donc cela? Comment appellerons-nous ce vice, cet horrible vice? N'est-ce pas honteux, de voir un nombre infini d'hommes, non-seulement obéir, mais ramper, non pas être gouvernés, mais tyrannisés, n'ayant ni biens, ni parents, ni enfants, ni leur vie même qui soient à eux? Souffrir les rapines, les brigandages, les cruautés, non d'une armée, non d'une horde de barbares,

contre lesquels chacun devrait défendre *sa vie*
au prix de tout son sang, mais d'un seul; non
d'un Hercule ou d'un Samson, mais d'un vrai
Mirmidon * souvent le plus lâche, le plus vil et
le plus efféminé de la nation, qui n'a jamais
flairé la poudre des batailles, mais à peine
foulé le sable des tournois; qui est inhabile,
non-seulement à commander aux hommes,
mais aussi à satisfaire la moindre femmelette !
Nommerons-nous cela lâcheté? Appellerous-
nous vils et couards les hommes soumis à un
tel joug? Si deux, si trois, si quatre cèdent à
un seul; c'est étrange, mais toutefois possible ;
peut-être avec raison, pourrait-on dire : c'est
faute de cœur. Mais si cent, si mille se laissent
opprimer par un seul, dira-t-on encore que
c'est de la couardise, qu'ils n'osent se prendre
à lui, ou plutôt que, par mépris et dédain , ils
ne veulent lui résister? Enfin, si l'on voit non
pas cent, non pas mille, mais cent pays, mille

---

* Dans l'original on trouve *Hommeau*, que les an-
notateurs ont traduit par *Hommat*, *Hommelet* : petit
homme. J'ai cru pouvoir mettre à la place : *Mirmidon*.
L'emploi de ce dernier mot, qui m'a paru exprimer
tout à-fait la pensée de l'auteur, m'a été inspiré par
une chanson, que tout le monde connaît, de notre
tant bon ami Béranger. Qu'il nous pardonne ce larcin!

villes, un million d'hommes ne pas assaillir, ne pas écraser celui qui, sans ménagement aucun, les traite tous comme autant de serfs et d'esclaves : comment qualifierons-nous cela ? Est-ce lâcheté? Mais pour tous les vices, il est des bornes qu'ils ne peuvent dépasser. Deux hommes et même dix peuvent bien en craindre un, mais que mille, un million, mille villes ne se défendent pas contre un seul homme ! Oh ! Ce n'est pas seulement couardise, elle ne va pas jusque là ; de même que la vaillance n'exige pas qu'un seul homme escalade une forteresse, attaque une armée, conquière un royaume ! Quel monstrueux vice est donc celui-là que le mot de couardise ne peut rendre, pour lequel toute expression manque, que la nature désavoue et la langue refuse de nommer ?....

Qu'on mette, de part et d'autre, cinquante mille hommes en armes; qu'on les range en bataille; qu'ils en viennent aux mains; les uns libres, combattant pour leur liberté, les autres pour la leur ravir : Auxquels croyez-vous que restera la victoire? Lesquels iront plus courageusement au combat, de ceux dont la récompense doit être le maintien de leur liberté, ou de ceux qui n'attendent pour salaire des coups qu'ils donnent ou reçoivent que la servitude d'autrui? Les uns ont toujours de-

vant leurs yeux le bonheur de leur vie passée
et l'attente d'un pareil aise pour l'avenir. Ils
pensent moins aux peines, aux souffrances mo-
mentanées de la bataille qu'aux tourments
que, vaincus, ils devront endurer à jamais, eux,
leurs enfants, et toute leur postérité. Les autres
n'ont pour tout aiguillon qu'une petite pointe
de convoitise qui s'émousse soudain contre le
danger et dont l'ardeur factice s'éteint presqu'aussitôt dans le sang de leur première bles-
sure. Aux batailles si renommées de Miltiade,
de Léonidas, de Thémistocle, qui datent de deux
mille ans et vivent encore aujourd'hui, aussi
fraîches dans les livres et la mémoire des hommes que si elles venaient d'être livrées récemment en Grèce, pour le bien de la Grèce et pour
l'exemple du monde entier. Qu'est-ce qui donna
à un si petit nombre de Grecs, non le pouvoir,
mais le courage de repousser ces flottes formi-
dables dont la mer pouvoit à peine supporter
le poids, de combattre et de vaincre tant
et de si nombreuses nations que tous les soldats Grecs ensemble n'auraient point égalé en
nombre les Capitaines * des armées ennemies?

---

* La Boëtie a voulu dire sans doute la totalité des
officiers de l'armée des Perses.

Mais aussi, dans ces glorieuses * journées, c'était moins la bataille des Grecs contre les Perses, que la victoire de la liberté sur la domination, de l'affranchissement sur l'esclavage **.

---

* Ne te l'ai-je pas dit, dans mon avant-propos, cher lecteur, que le prétendu nouveau en façon de dire n'est souvent que du réchauffé ? Te serais-tu attendu à trouver ici, si justement accouplés et appliqués par notre bon Étienne de la Boëtie, ces deux mots : *glorieuses journées* que des misérables jongleurs, lâches flagorneurs du peuple, beuglèrent à tue-tête, en sortant, tremblottants d'effroi, de leurs caves, où ils s'étaient tenus cachés pendant les trois jours du grand mouvement populaire de juillet ? Ces deux mots ne furent donc pas de leur part une invention, mais bien une trouvaille qu'ils employèrent astucieusement pour duper les trop crédules et escamoter à leur profit la grande victoire ; ce qui se fit, note le bien, le soir même du 29 juillet 1830. Nos trois journées ne furent donc pas glorieuses, car il n'y a de vraiment glorieux que ce qui amène un résultat favorable au bonheur de l'humanité.

** Ces miraculeux efforts se sont reproduits de nos jours et nous avons eu aussi nos Léonidas, nos Thémistocle et nos Miltiade. Mais, comme le dit fort judicieusement notre auteur, cela ne se voit que chez les peuples libres. Aussi, combien n'en trouverions-nous pas de ces traits héroïques, si nous voulions fouiller nos trop courtes annales républicaines. Il suf-

Ils sont vraiment miraculeux les récits de
la vaillance que la liberté met dans le cœur de
ceux qui la défendent ! mais ce qui advient,
partout et tous les jours, qu'un homme seul
opprime cent mille villes et les prive de leur
liberté : qui pourrait le croire, si cela n'était
qu'un ouï-dire et n'arrivait pas à chaque instant et sous nos propres yeux ? encore, si ce
fait se passait dans des pays lointains et qu'on
vînt nous le raconter, qui de nous ne le croi-
rait controuvé et inventé à plaisir? Et pourtant
ce tyran, seul, il n'est pas besoin de le combattre, ni même de s'en défendre; il est défait de lui-même, pourvu que le pays ne con-
sente point à la servitude. Il ne s'agit pas de
lui rien arracher, mais seulement de ne lui rien
donner. Qu'une nation ne fasse aucun effort,
si elle veut, pour son bonheur, mais qu'elle
ne travaille pas elle-même à sa ruine. Ce sont
donc les peuples qui se laissent, ou plutôt se
font garrotter, puisqu'en refusant seulement
de servir, ils briseraient leurs liens. C'est le

---

fira d'en rappeler quelques-uns ( cités page   , note-
supplémentaire A) qui vraiment peuvent être mis en
parallèle avec tout ce que l'histoire nous retrace de
plus prodigieux.

peuple qui s'assujettit et se coupe la gorge ; qui, pouvant choisir d'être sujet ou d'être libre, repousse la liberté et prend le joug, qui consent à son mal ou plutôt le pourchasse. S'il lui coûtait quelque chose pour recouvrer sa liberté, je ne l'en presserais point : bien que rentrer dans ses droits naturels et, pour ainsi dire, de bête redevenir homme, soit vraiment ce qu'il doive avoir le plus à cœur. Et pourtant je n'exige pas de lui une si grande hardiesse : je ne veux pas même qu'il ambitionne une je ne sais quelle assurance de vivre plus à son aise. Mais quoi ! Si pour avoir la liberté, il ne faut que la désirer ; s'il ne suffit pour cela que du vouloir, se trouvera-t-il une nation au monde qui croie la payer trop cher en l'acquérant par un simple souhait ? Et qui regrette sa volonté à recouvrer un bien qu'on devrait racheter au prix du sang, et dont la seule perte rend à tout homme d'honneur la vie amère et la mort bienfaisante ? Certes, ainsi que le feu d'une étincelle devient grand et toujours se renforce, et plus il trouve de bois à brûler, plus il en dévore, mais se consume et finit par s'éteindre de lui-même quand on cesse de l'alimenter : pareillement plus les tyrans pillent, plus ils exigent ; plus ils ruinent et détruisent, plus on leur fournit, plus on les gorge ; ils se fortifient d'autant et sont toujours mieux disposés à anéantir et à détruire tout ; mais si on ne leur donne rien, si on ne leur obéit point ; sans les combattre, sans les frapper, ils demeurent nuds et défaits : semblables à cet arbre qui ne recevant plus de suc et d'aliment à sa racine, n'est bientôt qu'une branche sèche et morte.

Pour acquérir le bien qu'il souhaite, l'homme entreprenant ne redoute aucun danger, le travailleur n'est rebuté par aucune peine. Les lâches seuls, et les engourdis, ne savent ni endurer le mal, ni recouvrer le bien qu'ils se bornent à convoiter. L'énergie d'y prétendre leur est ravie par leur propre lâcheté ; il ne leur reste que le désir naturel de le posséder. Ce désir, cette volonté innée, commune aux sages et aux fous, aux courageux et aux couards, leur fait souhaiter toutes choses dont la possession les rendrait heureux et contents. Il en est une seule que les hommes, je ne sais pourquoi, n'ont pas même la force de désirer. C'est la liberté : bien si grand et si doux ! que dès qu'elle est perdue, tous les maux s'ensuivent, et que, sans elle, tous les autres biens, corrompus par la servitude, perdent entièrement leur goût et leur saveur. La seule liberté, les hommes la dédaignent, uniquement, ce me semble, parce que s'ils la désiraient, ils l'auraient : comme s'ils se refusaient à faire cette précieuse conquête, parce qu'elle est trop aisée.

Pauvres gens et misérables, peuples insensés, nations opiniâtres en votre mal et aveugles en votre bien, vous vous laissez enlever, sous vos propres yeux, le plus beau et le plus clair de votre revenu, piller vos champs, dévaster vos maisons et les dépouiller des vieux meubles de vos ancêtres ! vous vivez de telle sorte que rien n'est plus à vous. Il semble que vous regarderiez désormais comme un grand bonheur qu'on vous laissât seulement la moitié de vos biens, de vos familles, de vos vies. Et tout ce dégât, ces malheurs, cette ruine enfin, vous viennent, non pas des ennemis, mais bien certes de l'ennemi et de celui-là même que vous avez fait ce qu'il est, pour qui vous allez si courageusement à la guerre et pour la vanité duquel vos personnes y bravent à chaque instant la mort. Ce maître n'a pourtant que deux yeux, deux mains, un corps et rien de plus que n'a le dernier des habitants du *nombre infini* de nos villes. Ce qu'il a de plus que vous, ce sont les moyens que vous lui fournissez pour vous détruire. D'où tire-t-il

les innombrables argus * qui vous épient**,
si ce n'est de vos rangs? Comment a-t-il tant
de mains pour vous frapper, s'il ne les em-
prunte de vous? Les pieds dont il foule vos cités, ne sont-ils pas aussi les vôtres? A-t-il pouvoir sur vous, que par vous-mêmes? Comment oserait-il vous courir sus, s'il n'était
d'intelligence avec vous? Quel mal pourrait-
il vous faire, si vous n'étiez receleur du lar-
ron qui vous pille, complices du meurtrier qui
vous tue, et traîtres de vous-mêmes? Vous se-
mez vos champs, pour qu'il les dévaste; vous
meublez et remplissez vos maisons, pour fournir à ses voleries; vous élevez vos filles afin

---

* *Argus, homme fabuleux à cent yeux*, dit le dictionnaire : *espion domestique*. Chez plusieurs peuples,
ce mot se prononce *argous*. Je ne me pique pas d'être
étymologiste; mais, tout récemment, un journaliste,
plus savant et plus malin que moi, a dit que de ce mot
venait celui d'*argousin, chef des forçats;* et il fit cette
remarque fort spirituelle précisément au moment où,
sous un certain ministre, on se servit des forçats li-
bérés pour former certaines bandes qui parcoururent
les rues de la capitale et y jetèrent l'épouvante, en
assommant indistinctement tous les passants.

** Il faut croire que le verbe *espionner* n'était pas
encore usité du temps de ce bon Étienne.

qu'il puisse assouvir sa luxure * ; vous nour-
rissez vos enfants, pour qu'il en fasse des soldats (trop heureux sont-ils encore!), pour
qu'il les mène à la boucherie, qu'il les rende
les ministres de ses convoitises, les exécuteurs
de ses vengeances**. Vous vous usez à la peine,

---

* Louis XV, l'un des plus crapuleux de ces gens-là,
fesait enlever les jeunes jolies filles par ses valets de
chambre Bontemps et Lebel, pour en peupler son
parc aux cerfs. — Napoléon, plus franc et plus rond
dans ses manières, choisissait dans la maison impé-
riale d'Écouen, avec l'entente de la Campan, les de-
moiselles qu'il lui plaisait d'engrosser. Allez plutôt
demander à un certain prince allemand, qui pourra,
s'enquérir auprès de mad. la princesse, sa femme, dont
je tais, par discrétion, le premier nom de famille.
**  Ainsi le firent *en grandes coupes réglées*, les
grands brigands qu'on appelle si mal-à-propos des
*grands hommes ;* Aléxandre le Macédonien, Louis XIV
et de nos jours surtout Napoléon (voir à la fin du volume noté supplémentaire B) comment Massillon dis-
tinguait la *vraie grandeur* du *grand brigandage* et comment un digne jeune homme, du plus rare mérite,
que la mort vient, tout récemment d'enlever à sa
famille et à la France, à l'âge de 19 ans, avait stig-
matisé *le plus grand homme des temps modernes.* C'est
là le titre d'un morceau de poésie dont il m'a été permis de donner ici la première édition. J'ai d'autant
plus de plaisir, lecteur, à te faire connaître ce morceau plein de verve et de sentiment, que j'aimais tendrement l'auteur et que mes regrets sur sa perte
seront éternels (voir même note supplém. page    ).

afin qu'il puisse se mignarder en ses délices
et se vautrer dans ses sales plaisirs. Vous vous
affaiblissez, afin qu'il soit plus fort, plus dur
et qu'il vous tienne la bride plus courte : et de
tant d'indignités, que les bêtes elles-mêmes
ne sentiraient point ou n'endureraient pas,
vous pourriez vous en délivrer, sans même
tenter de le faire, mais seulement en essayant
de le vouloir. Soyez donc résolus à ne plus
servir et vous serez libres. Je ne veux pas que
vous le heurtiez, ni que vous l'ébranliez, mais
seulement ne le soutenez plus, et vous le verrez, comme un grand colosse dont on dérobe
la base, tomber de son propre poids et se
briser *.

---

* J'ai trouvé ces jours, et certes par un pur hasard, ce passage cité et transcrit en entier, avec la plus
grande exactitude et toute la pureté de son ancien
style, dans un ouvrage publié récemment par M. le
baron Bouvier du Molart, ex-préfet de Lyon et intitulé : *des causes du malaise qui se fait sentir dans la
société en France ;* mais cet auteur, élève de l'empire
et par suite administrateur très-digne de notre
époque, n'est certainement pas un érudit; car tout
en citant et exaltant cet éloquent morceau, il l'a at-
tribué à Montaigne, dans les œuvres duquel se trouve
ordinairement le discours de la Boëtie. Aurait-il
ignoré ou mis en doute l'existence de ce dernier ? Ce

Les médecins disent qu'il est inutile de cher-
cher à guérir les plaies incurables, et peut-être
ai-je tort de vouloir donner ces conseils au
peuple, qui, depuis long-temps, semble avoir
perdu tout sentiment du mal qui l'afflige, ce
qui montre assez que sa maladie est mortelle.
Cherchons cependant à découvrir, s'il est possible, comment s'est enracinée si profondément cette opiniâtre volonté de servir qui ferait croire qu'en effet l'amour même de la liberté n'est pas si naturel.

Premièrement, il est, je crois, hors de doute

---

n'est pas croyable. C'est donc une simple distraction;
il faut la pardonner à M. le baron ex-préfet, absorbé
sans doute par les soins qu'a dû lui coûter cet énorme
volume, où il a amoncelé, pêle-mêle, il est vrai, une
foule de très-judicieuses et de très-fausses observations d'économie politique et plusieurs documents
statistiques très-curieux pour arriver enfin à cette
conclusion : que, la trop grande population étant la
cause première de notre malaise, il fallait se hâter
d'employer tous les moyens, prendre toute les mesu-
res, mettre en usage toutes les ressources, voire les
plus immorales, pour étouffer la procréation des prolétaires, en décimer même la race, du moins autant
qu'il sera nécessaire d'en diminuer le nombre, pour
garantir, conserver et augmenter même l'extrême
aisance et les doux ébats de messieurs les jouisseurs,
et privilégiés de toute sorte.

que si nous vivions avec les droits que nous tenons de la nature et d'après les préceptes qu'elle enseigne, nous serions naturellement soumis à nos parents, sujets de la raison, mais non esclaves de personne. Certes, chacun de nous ressent en soi, dans son propre cœur, l'impulsion toute instinctive de l'obéissance envers ses père et mère. Quant à savoir si la raison est en nous innée ou non (question débattue à fond dans les académies et longuement agitée dans les écoles de philosophes), je ne pense pas errer en croyant qu'il est en notre ame un germe de raison, qui, réchauffé par les bons conseils et les bons exemples, produit en nous la vertu; tandis qu'au contraire, étouffé par les vices qui trop souvent surviennent, ce même germe avorte. Mais ce qu'il y a de clair, et d'évident pour tous, et que personne ne saurait nier, c'est que la nature, premier agent de Dieu, bienfaitrice des hommes, nous a tous créés de même et coulés, en quelque sorte au même moule, pour nous montrer que nous sommes tous égaux, ou plutôt tous frères. Et si, dans le partage qu'elle nous a fait de ses dons, elle a prodigué quelques avantages de corps ou d'esprit, aux uns plus qu'aux autres, toutefois elle n'a jamais pu vouloir nous mettre en ce monde comme en un champ clos, et n'a

pas envoyé ici bas les plus forts et les plus
adroits comme des brigands armés dans une
forêt pour y traquer les plus faibles. Il faut
croire plutôt, que fesant ainsi les parts, aux
uns plus grandes, aux autres plus petites, elle
a voulu faire naître en eux l'affection fraternelle et les mettre à même de la pratiquer; les
uns ayant puissance de porter des secours et
les autres besoin d'en recevoir : ainsi donc,
puisque cette bonne mère nous a donné à *tous*,
toute la terre pour demeure, nous a *tous* logés
sous le même grand toit, et nous a *tous* pétris
de même pâte, afin que, comme en un miroir,
chacun pût se reconnaître dans son voisin ; si
elle nous a fait, *à tous*, ce beau présent de la
voix et de la parole pour nous aborder et fra-
terniser ensemble, et par la communication et
l'échange de nos pensées nous amener à la communauté d'idées et de volontés; si elle a cher-
ché, par toutes sortes de moyens à former et
resserrer le nœud de notre alliance, les liens
de notre société; si enfin, elle a montré en
toutes choses le désir que nous fussions, non-
seulement unis, mais qu'ensemble nous ne fis-
sions, pour ainsi dire, qu'un seul être, dès
lors, peut-on mettre un seul instant en doute
que nous ne soyons *tous* naturellement libres,
puisque nous sommes *tous* égaux, et peut-il

6.

entrer dans l'esprit de personne que nous ayant mis *tous* en même compagnie, elle ait voulu que *quelques uns* * y fussent en esclavage.

Mais en vérité est-ce bien la peine de discuter pour savoir si la liberté est naturelle, puisque nul être, sans qu'il en ressente un tort grave, ne peut être retenu en servitude et que rien au monde n'est plus contraire à la nature (pleine de raison) que l'injustice. Que dire encore? Que la liberté est naturelle, et, qu'à mon avis, non-seulement nous naissons avec notre liberté, mais aussi avec la volonté de la défendre. Et s'il s'en trouve par hasard qui en doute encore et soient tellement abatardis qu'ils méconnaissent les biens et les affections innées qui leur sont propres, il faut que je leur fasse l'honneur qu'ils méritent et que je hisse, pour ainsi dire, les bêtes brutes en chaire pour leur enseigner et leur nature et leur condition. Les bêtes (Dieu me soit en aide)! si les hommes veulent les comprendre, leur crient : Vive la liberté! plusieurs d'entr'elles meurent sitôt qu'elles sont prises. Telles que le poisson qui perd la vie dès qu'on le re-

---

* Et *à fortiori*, la Boëtie aurait pu dire : que la *presque totalité* y soit esclave de *quelques-uns*.

tire de l'eau , elles se laissent mourir pour ne
point survivre à leur liberté naturelle. (Si les
animaux avaient entr'eux des rangs et des
prééminences, ils feraient, à mon avis, de liberté leur noblesse). D'autres, des plus grandes
jusqu'aux plus petites, lorsqu'on les prend,
font une si grande résistance des ongles, des
cornes, des pieds et du bec qu'elles démontrent
assez , par là, quel prix elles attachent au
bien qu'on leur ravit. Puis, une fois prises,
elles donnent tant de signes apparents du sentiment de leur malheur, qu'il est beau de les
voir, dès lors, languir plutôt que vivre, ne
pouvant jamais se plaire dans la servitude et
gémissant continuellement de la privation de
leur liberté. Que signifie, en effet, l'action de
l'éléphant, qui, s'étant défendu jusqu'à la dernière extrémité, n'ayant plus d'espoir , sur le
point d'être pris, heurte sa machoire et casse
ses dents contre les arbres, si non, qu'inspiré
par le grand désir de rester libre, comme il
l'est par nature, il conçoit l'idée de marchan-
der avec les chasseurs , de voir si , pour le prix
de ses dents , il pourra se délivrer, et si , son
ivoire, laissé pour rançon, rachetera sa liberté.
Et le cheval ! dès qu'il est né, nous le dressons
à l'obéissance ; et cependant, nos soins et nos
caresses n'empêchent pas que, lorsqu'on veut

le dompter, il ne morde son frein, qu'il ne rue quand on l'éperonne; voulant naturellement indiquer par là (ce me semble) que s'il sert, ce n'est pas de bon gré, mais bien par contrainte. Que dirons-nous encore? ...... *Les bœufs eux-mêmes gémissent sous le joug, et les oiseaux pleurent en cage.* Comme je l'ai dit autrefois en rimant, dans mes instants de loisir.

Ainsi donc, puisque tout être, qui a le sentiment de son existence, sent le malheur de la sujétion et recherche la liberté : puisque les bêtes, celles-là même créées pour le service de l'homme, ne peuvent s'y soumettre qu'après avoir protesté d'un désir contraire; quel malheureux vice a donc pu tellement dénaturer l'homme, seul vraiment né pour vivre libre, jusqu'à lui faire perdre la souvenance de son premier état et le désir même de le reprendre?

Il y a trois sortes de tyrans. Je parle des mauvais Princes. Les uns possèdent le Royaume * par l'élection du peuple, les autres par la force des armes, et les autres par succession de race. Ceux qui l'ont acquis par le droit de la guerre, s'y comportent, on le sait

---

*Par ce mot, la Boétie a sans doute voulu dire : *le droit de régner,* et non la possession du territoire.

trop bien et on le dit avec raison, comme
en pays conquis. Ceux qui naissent rois, ne
sont pas ordinairement meilleurs; nés et nourris au sein de la tyrannie, ils sucent avec le
lait le naturel du tyran, ils regardent les peuples qui leur sont soumis comme leur serfs hé-
réditaires; et, selon le penchant auquel ils
sont le plus enclins, avares ou prodigues, ils
usent du Royaume comme de leur propre hé-
ritage. Quant à celui qui tient son pouvoir du
peuple, il semble qu'il devrait être plus sup-
portable, et il le serait, je crois, si dès qu'il se
voit élevé en si haut lieu, au-dessus de tous les
autres, flatté par je ne sais quoi, qu'on appelle *grandeur*, il ne prenait la ferme résolution de n'en plus descendre. Il considère
presque toujours la puissance qui lui a été con-
fiée par le peuple comme devant être trans-
mise à ses enfants. Or, dès qu'eux et lui ont
conçu cette funeste idée, il est vraiment
étrange de voir de combien ils surpassent en
toutes sortes de vices, et même en cruautés,
tous les autres tyrans. Ils ne trouvent pas de
meilleur moyen pour consolider leur nouvelle
tyrannie que d'accroître la servitude et d'écarter tellement les idées de liberté de l'esprit de
leurs sujets, que, pour si récent qu'en soit le
souvenir, bientôt il s'efface entièrement de

leur mémoire. Ainsi, pour dire vrai, je vois bien entre ces tyrans quelque différence, mais pas un choix à faire : car s'ils arrivent au trône par des routes diverses, leur manière de régner est toujours à peu près la même. Les élus du peuple, le traitent comme un taureau à dompter : les conquérants, comme une proie sur laquelle ils ont tous les droits : les successeurs, comme un troupeau d'esclaves qui leur appartient tout naturellement.

- A ce propos, je demanderai : Si le hasard voulait qu'il naquît aujourd'hui quelques gens tout-à-fait neufs, n'étant, ni accoutumés à la sujétion, ni affriandés à la liberté, ignorant jusqu'aux noms de l'une et de l'autre, et qu'on leur offrit l'option d'être sujets ou de vivre libres ; quel serait leur choix ? Nul doute qu'ils n'aimassent beaucoup mieux obéir à leur seule raison que de servir un homme, à moins qu'ils ne fussent comme ces juifs d'Israël, qui, sans motifs, ni contrainte aucune, se donnèrent un tyran, et, desquels, je ne lis jamais l'histoire sans éprouver un extrême dépit qui me porterait presque à être inhumain envers eux, jusqu'à me réjouir de tous les maux qui, par la suite, leur advinrent. Car pour que les hommes, tant qu'il reste en eux vestige d'homme, se laissent assujettir, il faut de

deux choses l'une : ou qu'ils soient contraints,
ou qu'ils soient abusés : contraints, soit par
les armes étrangères, comme Sparte et Athènes le furent par celles d'Alexandre ; soit par
les factions, comme lorsque, bien avant ce
temps, le gouvernement d'Athènes tomba aux
mains de Pisistrate. Abusés, ils perdent aussi
leur liberté ; mais c'est alors moins souvent
par la séduction d'autrui que par leur propre
aveuglement. Ainsi, le peuple de Syracuse,
(jadis capitale de la Sicile) assailli de tous côtés par des ennemis, ne songeant qu'au danger du moment, et sans prévoyance de
l'avenir élut Denys 1er, et lui donna le commandement général de l'armée. Ce peuple ne
s'aperçut qu'il l'avait fait aussi puissant que
lorsque ce fourbe adroit, rentrant victorieux
dans la ville, comme s'il eût vaincu ses concitoyens plutôt que leurs ennemis, se fit d'abord
*capitaine roi* * et ensuite *roi tyran* **. On ne

---

* Comme qui dirait aujourd'hui : lieutenant-général
d'un royaume.

** Le mot *tyran* exprimait jadis un titre et n'avait
rien de flétrissant. Ce sont les brigands tels que Denys, qui lui valurent par la suite son odieuse accep-
tion. Au train dont vont les choses en Europe, il pourrait
bien en arriver de même aux titres de : *roi, prince*
ou *duc*.

saurait s'imaginer *jusqu'à quel point* un peuple
ainsi assujetti par la fourberie d'un traître,
tombe dans l'avilissement, et même dans un
tel profond oubli de tous ses droits, qu'il est
presque impossible de le réveiller de sa tor-
peur pour les reconquérir, servant si bien et
si volontiers qu'on dirait, à le voir, qu'il n'a
pas perdu seulement sa liberté, mais encore
sa propre *servitude*, pour s'engourdir dans le
plus abrutissant *esclavage* *. Il est vrai de
dire, qu'au commencement, c'est bien malgré
soi et par force que l'on sert; mais ensuite on
s'y fait et ceux qui viennent après, n'ayant jamais connu la liberté, ne sachant pas même ce
que c'est, servent sans regret et font volontairement ce que leurs pères n'avaient fait que
par contrainte. Ainsi les hommes qui naissent
sous le joug; nourris et élevés dans le servage
sans regarder plus avant, se contentent de
vivre comme ils sont nés, et ne pensant point
avoir d'autres droits, ni d'autres biens que
ceux qu'ils ont trouvés à leur entrée dans la

---

* *L'esclavage* est plus dur que la *servitude*. La servitude, impose un joug; *l'esclavage* un joug de fer. La
servitude opprime la liberté; *l'esclavage* la détruit.
(Dictionnaire des synonymes).

vie, ils prennent pour leur état de nature, l'état
même de leur naissance. Toutefois il n'est pas
d'héritier, pour si prodigue ou nonchalant
qu'il soit, qui ne porte un jour les yeux sur
ses registres pour voir s'il jouit de tous les
droits de sa succession, et vérifier si l'on n'a
pas empiété sur les siens ou sur ceux de son
prédécesseur. Cependant l'habitude qui, en
toutes choses, exerce un si grand empire sur
toutes nos actions, a surtout le pouvoir de
nous apprendre à servir : c'est elle qui à la
longue (comme on nous le raconte de Mithri-
date qui finit par s'habituer au poison) par-
vient à nous faire avaler, sans répugnance,
l'amer venin de la servitude. Nul doute que ce
ne soit la nature qui nous dirige d'abord suivant les penchants bons ou mauvais qu'elle
nous a donnés; mais aussi faut-il convenir
qu'elle a encore moins de pouvoir sur nous
que l'habitude; car, pour si bon que soit le
naturel, il se perd s'il n'est entretenu; tandis
que l'habitude nous façonne toujours à sa manière en dépit de nos penchants naturels. Les
semences de bien que la nature met en nous
sont si frêles et si minces, qu'elles ne peuvent
résister au moindre choc des passions ni à l'influence d'une éducation qui les contrarie. Elles
ne se conservent pas mieux, s'abatardissent

7

aussi facilement et même dégénèrent : comme il arrive à ces arbres fruitiers qui ayant tous leur espèce propre, la conservent tant qu'on les laisse venir tout naturellement; mais la perdent, pour porter des fruits tout-à-fait dif-férents, dès qu'on les a greffés. Les herbes ont aussi chacune leur propriété, leur naturel, leur singularité : mais cependant, le froid, le temps, le terrain ou la main du jardinier, détériorent ou améliorent toujours leur qualité; la plante qu'on a vu dans un pays n'est souvent plus re-connaissable dans un autre. Celui qui verrait chez eux les Vénitiens *, poignée de gens qui vivent si librement que le plus malheureux d'entr'eux ne voudrait pas être roi et qui, tous, ainsi nés et nourris, ne connaissent d'autre ambition que celle d'aviser pour le mieux au maintien de leur liberté; ainsi appris et for-més dès le berceau, qu'ils n'échangeraient pas un brin de leur liberté pour toutes les autres

---

* Alors les Vénitiens étaient en république. Libres, ils devinrent puissants; puissants, ils se firent riches : et corrompus par les richesses, ils retombèrent dans l'esclavage et l'avilissement. Ils sont aujourd'hui sous la *schlague autrichienne* comme presque tout le reste de cette belle Italie !! Autre preuve de *l'étiolement des espèces, des individus et des nations.*

félicités humaines : qui verrait, dis-je, ces hommes, et s'en irait ensuite, en les quittant, dans les domaines de celui que nous appelons le grand-seigneur, trouvant là des gens qui ne sont nés que pour le servir et qui dévouent leur vie entière au maintien de sa puissance, penserait-il que ces deux peuples sont de même nature ? ou plutôt ne croirait-il pas qu'en sortant d'une cité d'hommes, il est entré dans un parc de bêtes *? On raconte que Lycurgue, législateur de Sparte, avait nourri deux chiens, tous deux frères, tous deux allaités du même lait **, et les avait habitués, l'un

---

* Nous ne traiterions pas aussi brutalement aujourd'hui ces pauvres Musulmans. Ils sont certainement bien loin d'être ce que nous désirerions les voir ; mais ils sont peut-être plus près de leur résurrection que certains autres peuples pourris, jusqu'à la moelle, par le système de corruption qui les régit et qui vivent ou plutôt végètent et souffrent sous l'écrasant fardeau de ces gouvernements qu'on appelle si faussement constitutionnels. L'absolutisme en Turquie n'a jamais été, je crois, aussi attentatoire au grand principe de la sainte égalité que ces prétendus gouvernements représentatifs, enfants bâtards du libéralisme, où bout, à nos dépens, la *marmite* de ce bon Paul Courrier.

** Ceci est pris d'un traité de Plutarque intitulé : *Comment il faut nourrir les enfants*, de la traduction d'Amiot. C.....

au foyer domestique et l'autre à courir les champs, au son de la trompe et du cornet *. Voulant montrer aux Lacédémoniens l'influence de l'éducation sur le naturel, il exposa les deux chiens sur la place publique et mit entr'eux une soupe et un lièvre : l'un courut au plat et l'autre au lièvre. Voyez, dit-il, et pourtant, ils sont frères ! Ce législateur sut donner une si bonne éducation aux Lacédémoniens que chacun d'eux eut préféré souffrir mille morts, plutôt que de se soumettre à un maître ou de reconnaître d'autres institutions que celles de Sparte.

J'éprouve un certain plaisir à rappeler ici un mot des favoris de Xerxès, le grand roi de Perse, au sujet des Spartiates : Lorsque Xerxès fesait ses préparatifs de guerre pour soumettre la Grèce entière, il envoya, dans plusieurs villes de ce pays, ses ambassadeurs pour demander *de l'eau et de la terre* (formule simbolique qu'employaient les Perses pour sommer les villes de se rendre ), mais il se garda bien d'en envoyer, ni à Sparte, ni à Athènes, parce que

---

* *Du Cor* « *Huchet*, dit Nicat, c'est un cornet dont on huche ou appelle les chiens et dont les postillons usent ordinairement. » C........

les Spartiates et les Athéniens, auxquels son
père Darius en avait envoyés auparavant pour
faire semblable demande, les avaient jetés, les
uns dans les fossés, les autres dans un puits,
en leur disant : « Prenez hardiment, là, *de
l'eau et de la terre*, et portez-les à votre prince. »
En effet, ces fiers républicains ne pouvaient
souffrir que, même par la moindre parole, on
attentât à leur liberté. Cependant, pour avoir
agi de la sorte, les Spartiates reconnurent
qu'ils avaient offensé leurs dieux et surtout Tal-
thybie, dieu des hérauts. Ils résolurent donc,
pour les apaiser, d'envoyer à Xerxès deux de
leurs concitoyens pour que disposant d'eux à
son gré, il pût se venger sur leurs personnes
du meurtre des ambassadeurs de son père.
Deux Spartiates: l'un nommé Sperthiès et l'autre Bulis s'offrirent pour victimes volontaires.
Ils partirent. Arrivés au palais d'un Perse,
nommé Hydarnes, lieutenant du roi pour
toutes les villes d'Asie qui étaient sur les côtes
de la mer, celui-ci les accueillit fort honorablement et après divers autres discours leur
demanda pourquoi ils rejetaient si fièrement
l'amitié du grand roi * ? « Voyez par mon

---

* Voyez Hérodote, L. 7, pag. 422. C.....

7,

« exemple, leur ajouta-t-il comment le Roi sait
« récompenser ceux qui méritent de l'être et
« croyez que si vous étiez à son service et qu'il
« vous eût connus, vous seriez tous deux gou-
« verneurs de quelque ville grecque. » « En
« ceci, Hydarnes *, tu ne pourrais nous donner
« un bon conseil, répondirent les Lacédémo-
« niens ; car si tu as goûté le bonheur que tu
« nous promets, tu ignores entièrement celui
« dont nous jouissons. Tu as éprouvé la faveur
« d'un roi, mais tu ne sais pas combien est
« douce la liberté, tu ne connais rien de la féli-
« cité qu'elle procure. Oh! si tu en avais seule-
« ment une idée, tu nous conseillerais de la dé-
« fendre, non-seulement avec la lance et le
« bouclier, mais avec les ongles et les dents. »
Les Spartiates seuls disaient vrai ; mais chacun
parlait ici selon l'éducation qu'il avait reçue.
Car il était impossible au Persan de regretter
la liberté dont il n'avait jamais joui ; et les
Lacédémoniens au contraire, ayant savouré
cette douce liberté, ne concevaient même pas
qu'on pût vivre dans l'esclavage.

Caton d'Utique, encore enfant et sous la fé-
rule du maître, allait souvent voir Sylla le

---

* Qui à tort, dans le texte, est appelé *Gidarne.*

dictateur, chez lequel il avait ses entrées libres,
tant à cause du rang de sa famille que des
liens de parenté qui les unissaient. Dans ces vi-
sites, il était toujours accompagné de son précepteur, comme c'était l'usage à Rome pour
les enfants des nobles de ce temps-là. Un jour,
il vit que dans l'hôtel même de Sylla, en sa
présence, ou par son commandement, on em-
prisonnait les uns, on condamnait les autres;
l'un était banni, l'autre étranglé; l'un propo-
sait la confiscation des biens d'un citoyen, l'autre demandait sa tête. En somme, tout s'y passait, non comme chez un magistrat de la ville,
mais comme chez un tyran du peuple; et c'était
bien moins le sanctuaire de la justice, qu'une
caverne de tyrannie. Ce noble enfant dit à son
précepteur : « Que ne me donnez-vous un poi-
« gnard ? je le cacherai sous ma robe. J'entre
« souvent dans la chambre de Sylla avant
« qu'il soit levé.....j'ai le bras assez fort pour
« en délivrer la république. » Voilà vraiment
la pensée d'un Caton ; c'est bien là, le début
d'une vie si digne de sa mort. Et néanmoins,
taisez le nom et le pays, racontez seulement le
fait tel qu'il est ; il parle de lui-même : ne dira-t-on pas aussitôt cet enfant était Romain,
né dans Rome, mais dans la véritable Rome et
lorsqu'elle était libre. Pourquoi dis-je ceci ?

je ne prétends, certes pas que le pays et le sol perfectionnent rien, car partout et en tous lieux l'esclavage est odieux aux hommes et la liberté leur est chère; mais parce qu'il me semble que l'on doit compâtir à ceux qui, en naissant, se trouvent déjà sous le joug : qu'on doit les excuser ou leur pardonner, si, n'ayant pas encore vu l'ombre même de la liberté, et n'en ayant jamais entendu parler, ils ne ressentent pas le malheur d'être esclave. Si en effet (comme le dit Homère des Cimmériens), il est des pays où le Soleil se montre tout différemment qu'à nous et qu'après les avoir éclairés pendant six mois consécutifs, il les laisse dans l'obscurité durant les autres six mois, serait-il étonnant que ceux qui naîtraient pendant cette longue nuit, s'ils n'avaient point ouï parler de la clarté, ni jamais vu le jour, s'accoutumassent aux ténèbres dans lesquelles ils sont nés et ne désirassent point la lumière? On ne regrette jamais ce qu'on n'a jamais eu; le chagrin ne vient qu'après le plaisir et toujours, à la connaisssance du bien, se joint le souvenir de quelque joie passée. Il est dans la nature de l'homme d'être libre et de vouloir l'être; mais il prend très-facilement un tout autre pli, lorsque l'éducation le lui donne.

Disons donc que, si toutes les choses auxquelles l'homme se fait et se façonne lui deviennent naturelles, cependant celui-là seul reste dans sa nature qui ne s'habitue qu'aux choses simples et non altérées : ainsi la première raison de la *servitude volontaire*, c'est l'habitude; comme il arrive aux plus braves courtauds * qui d'abord mordent leur frein et puis après s'en jouent; qui, regimbant naguère sous la selle, se présentent maintenant d'eux mêmes, sous le brillant harnais, et, tout fiers, se rengorgent et se pavanent sous l'armure qui les couvre. Ils disent qu'ils ont toujours été sujets, que leurs pères ont ainsi vécu. Ils pensent qu'ils sont tenus d'endurer le mors, se le persuadent par des exemples et consolident eux-mêmes, par la durée, la possession de ceux qui les tyrannisent. Mais les années donnent-elles le droit de mal faire? Et l'injure prolongée n'est-elle pas une plus grande injure? Toujours en est-il certains qui, plus fiers et mieux inspirés que les autres, sentent le poids du joug et ne peuvent s'empêcher de le secouer; qui ne se soumettent jamais à la sujétion et qui, toujours et sans cesse (ainsi qu'Ulysse cherchant, par terre et par mer, à

---

* Cheval qui a crin et oreilles coupées.

revoir la fumée de sa maison), n'ont garde
d'oublier leurs droits naturels et s'empressent
de les revendiquer en toute occasion. Ceux-là
ayant l'entendement net et l'esprit clairvoyant,
ne se contentent pas, comme les ignorants en-
croûtés, de voir ce qui est à leurs pieds, sans
regarder ni derrière, ni devant; ils rappellent
au contraire les choses passées pour juger plus
sainement le présent et prévoir l'avenir. Ce
sont ceux qui ayant d'eux-mêmes l'esprit
droit, l'ont encore rectifié par l'étude et le savoir. Ceux-là, quand la liberté serait entièrement perdue et bannie de ce monde, l'y
rameneraient; car la sentant vivement, l'ayant
savourée et conservant son germe en leur esprit, la servitude ne pourrait jamais les
séduire, pour si bien qu'on l'accoutrât.

Le grand Turc s'est bien aperçu que les
livres et la saine doctrine inspirent plus que
toute autre chose, aux hommes, le sentiment
de leur dignité et la haine de la tyrannie.
Aussi, ai-je lu que, dans le pays qu'il gouverne, il n'est guère plus de savants qu'il n'en
veut. Et partout ailleurs, pour si grand que
soit le nombre des fidèles à la liberté, leur zèle
et l'affection qu'ils lui portent restent sans effet,
parce qu'ils ne savent l'entendre. Les tyrans
leur enlèvent toute liberté de faire, de parler

et quasi de penser, et ils demeurent totale-
ment isolés dans leur volonté pour le bien :
c'est donc avec raison que Momus trouvait à
redire à l'homme forgé par Vulcain de ce
qu'il n'avait pas une petite fenêtre au cœur
par où l'on pût voir ses plus secrètes pensées.
On a rapporté que, lors de leur entreprise
pour la délivrance de Rome ou plutôt du
monde entier, Brutus et Cassius ne voulurent
point que Cicéron, ce grand et beau diseur,
si jamais il en fut, y participât, jugeant son
cœur trop faible pour un si haut fait. Ils
croyaient bien à son bon vouloir, mais non
à son courage. Et toutefois, qui voudra se rappeler les temps passés et compulser les anciennes annales, se convaincra que presque tous
ceux qui, voyant leur pays mal mené et en
mauvaises mains, formèrent le dessein de le
délivrer, en vinrent facilement à bout, et que,
pour son propre compte, la liberté vient toujours à leur aide ; ainsi : Harmodius, Aristogi-
ton, Thrasybule, Brutus l'ancien, Valerius et
Dion, qui conçurent un si vertueux projet,
l'exécutèrent heureusement. Pour tels exploits,
presque toujours le ferme vouloir garantit le
succès. Cassius et Marcus Brutus réussirent
en frappant César pour délivrer leur pays de
la servitude ; ce fut lorsqu'ils tentèrent d'y

ramener la liberté qu'ils périrent, il est vrai;
mais glorieusement, car, qui oserait trouver
rien de blâmable, ni en leur vie, ni en leur
mort? Celle-ci fut au contraire un grand malheur et causa l'entière ruine de la république,
qui, ce me semble, fut enterrée avec eux. Les
autres tentatives essayées depuis contre les
empereurs romains ne furent que des conjura-
tions de quelques ambitieux dont l'irréussite
et la mauvaise fin ne sont pas à regretter,
étant évident qu'ils désiraient, non renverser
le trône, mais avilir seulement la couronne *,
ne visant qu'à chasser le tyran et à retenir la
tyrannie **. Quant à ceux-là, je serais bien fa-

---

* Ainsi firent les fameux Girondins qui s'échappèrent de l'assemblée législative, le 20 juin 1792, pour
se rendre aux Tuileries et y maîtriser la sainte insurrection populaire contre le tyran Capet. Ils sau-
vèrent celui-ci et sur ce trône même, qu'il était alors
si facile de renverser, ils l'affublèrent du bonnet rouge
que la tête d'un roi salissait et le firent boire à même
à la bouteille. Par ce seul fait d'une politique astucieuse et froidement perfide, les Girondins auraient
mérité le sort que plus tard ils subirent.
** Ceci s'applique à ravir à un trait caractéristique
de notre histoire contemporaine auquel peu de gens
ont fait assez d'attention, si ce n'est les intrigants qui
l'ont répété et mis à profit plus tard au grand détri-

ché qu'ils eussent réussi et je suis content qu'ils aient montré par leur exemple qu'il ne faut

---

ment des intérêts populaires. Le voici : quand, à son retour miraculeux de l'île d'Elbe, Bonaparte épouvanta les Bourbons sur leur trône, ces tyrans aux abois, transis de frayeur, ne sachant où donner de la tête, firent les rodomonts ; les uns allèrent faire leur bravade à Lyon, d'où ils décampèrent comme des lâches ; les autres tentèrent quelques arrestations à Paris et s'assurèrent notamment du fameux Fouché qu'ils soupçonnaient être d'intelligence avec *le revenant* qui causait leur effroi. Fouché se sauva de leurs griffes, se mit à l'abri de leur rage. Mais deux jours après on crut devoir traiter avec lui ; on lui décocha un agent diplomatique, le roué Vitrolles. A celui-ci Fouché tint ce propos qui montre l'astucieuse politique de ce misérable : « Sauvez le monarque, je me charge « de sauver la monarchie. » Et en effet, les Bourbons décampèrent, Bonaparte arriva avec sa manie de *trôner* aussi ; Fouché fut son ministre ; Fouché le trahit plus tard, et, s'entendant avec les alliés pour l'envoyer à Ste.-Hélène, il resta le ministre de cet autre roué, Louis XVIII, qui n'eût pas la moindre répugnance à travailler avec l'homme qui avait condamné son frère à mort et à forger avec lui les listes de proscription qui signalèrent son retour. Les sanglants antécédents de cet exécrable monstre convenaient en effet à l'hypocrisie et à la lâche cruauté de Louis XVIII, auquel il ne manquait que le courage du crime, pour être le plus féroce des tyrans.

pas abuser du saint nom de la liberté pour accomplir un mauvais dessein *.

Mais revenant à mon sujet que j'avais quasi perdu de vue ; la première raison pour laquelle les hommes servent volontairement, c'est qu'ils naissent serfs et qu'ils sont élevés dans la servitude. De celle-là découle naturellement cette autre : que, sous les tyrans, les hommes deviennent nécessairement lâches et efféminés, ainsi que l'a fort judicieusement, à mon avis, fait remarquer le grand Hippocrate, le père de la médecine, dans l'un de ses livres intitulé :*Des maladies* **. Ce digne homme avait certes le cœur bon et le montra bien lorsque

---

* Que dirait aujourd'hui ce bon Étienne de nos doctrinaires, de nos libéraux de la restauration et du dégoutant juste-milieu qui ont si bien et si souvent abusé de ce saint nom ?

** Ce n'est pas dans le livre :*des maladies* que cite la Boëtie mais bien dans un autre intitulé : *Sur les airs, les eaux et les lieux*, et dans lequel Hippocrate dit : ( § 41 ) « Les plus belliqueux des peuples d'Asie « Grecs ou barbares, sont ceux qui, n'étant pas gouver- « nés despotiquement, vivent sous les lois qu'ils s'im- « posent eux-mêmes : au lieu que là où les hommes « vivent sous des rois absolus, ils sont nécessairement « fort timides. » On trouve les mêmes pensées plus détaillées encore, dans le § 40 du même ouvrage. C..

le roi de Perse voulut l'attirer près de lui à force d'offres et de grands présents ; car il lui répondit franchement * qu'il se ferait un cas de conscience de s'occuper à guérir les Barbares qui voulaient détruire les Grecs et de faire rien qui pût être utile à celui qui voulait subjuger la Grèce sa patrie. La lettre qu'il lui écrivit à ce sujet, se trouve parmi les autres œuvres, et témoignera toujours de son bon cœur et de son beau caractère **. Il est donc certain qu'avec la liberté, on perd aussitôt la vail-

---

* Une maladie pestilentielle s'étant répandue dans les armées d'Artaxerxès, roi de Perse, ce prince, conseillé de recourir dans cette occasion à l'assistance d'Hippocrate, écrivit à Hystanes, gouverneur de l'Hellespont pour le charger d'attirer Hippocrate à la cour de Perse, en lui offrant tout autant d'or qu'il voudrait, et en l'assurant, de la part du roi, qu'il irait de pair avec les plus grands seigneurs de Perse. Hystanes exécuta ponctuellement cet ordre ; mais Hippocrate lui répondit aussitôt : « qu'il était pourvu de toutes les choses nécessaires à la vie, et qu'il ne lui était pas permis de jouir des richesses des Perses, ni d'employer son art à guérir des barbares qui étaient ennemis des Grecs. » La lettre d'Artaxerxès à Hystanes, celle d'Hystanes à Hippocrate, d'où sont tirées toutes ces particularités, se trouvent à la fin des œuvres d'Hippocrate. C...

** Voir : Réflexions sur le trait de désintéressement d'Hippocrate ; note supp. B à la fin de ce volume.

lance. Les esclaves n'ont ni ardeur, ni constance dans le combat. Ils n'y vont que comme contraints, pour ainsi dire engourdis, et s'acquittant avec peine d'un devoir : ils ne sentent pas brûler dans leur cœur le feu sacré de la liberté qui fait affronter tous les périls et désirer une belle et glorieuse mort qui nous honore à jamais auprès de nos semblables. Parmi les hommes libres, au contraire, c'est à l'envi, à qui mieux mieux, tous pour chacun et chacun pour tous : ils savent qu'ils recueilleront une égale part au malheur de la défaite ou au bonheur de la victoire ; mais les esclaves, entièrement dépourvus de courage et de vivacité, ont le cœur bas et mou et sont incapables de toute grande action. Les tyrans le savent bien : aussi font-ils tous leurs efforts pour les rendre toujours plus faibles et plus lâches.

L'historien Xénophon, l'un des plus dignes et des plus estimés parmi les Grecs, a fait un livre peu volumineux *, dans lequel se trouve un dialogue entre Simonide et Hiéron, roi de

---

* *Hiéron ou portrait de la condition des rois.* Coste a traduit cet ouvrage et l'a publié en grec et en français avec des notes, Amsterdam, 1771. N....

Syracuse, sur les misères du tyran. Ce livre est plein de bonnes et graves remontrances, qui, selon moi, ont aussi une grace infinie. Plût à Dieu que tous les tyrans, qui aient jamais été, l'eussent placé devant eux en guise de miroir. Ils y auraient certainement reconnu leurs propres vices et en auraient rougi de honte. Ce traité parle de la peine qu'éprouvent les tyrans, qui, nuisant à tous, sont obligés de craindre tout le monde. Il dit, entr'autres choses, que les mauvais rois prennent à leur service des troupes étrangères, n'osant plus mettre les armes aux mains de leurs sujets qu'ils ont maltraités de mille manières. Quelques rois, en France même ( plus encore autrefois qu'aujourd'hui ), ont bien eu à leur solde des troupes étrangères, mais c'était plutôt pour épargner leurs propres sujets, ne regardant point, pour atteindre ce but, à la dépense que cet entretien nécessitait *. Aussi, était-ce l'opinion de Scipion ( du grand Africain, je pense ), qui aimait mieux, disait-il, avoir sauvé la vie

---

* Ce bon Étienne est bien généreux d'interpréter ainsi les intentions de nos monarques. S'il avait vu les Suisses du fameux Charles X tirant sur le peuple de Paris, il n'aurait pas dit certes que ces bons Suisses étaient là pour *épargner* les sujets.

8.

à un citoyen que d'avoir défait cent ennemis. Mais ce qu'il y a de bien positif, c'est que le tyran ne croit jamais sa puissance assurée, s'il n'est parvenu à ce point de n'avoir pour sujets que des hommes, sans valeur aucune. On pourrait lui dire à juste titre ce que, d'après Térence *, Thrason disait au maître des éléphants : « Vous vous croyez brave, parce que « vous avez dompté des bêtes? »

Mais, cette ruse des tyrans d'abêtir leurs sujets, n'a jamais été plus évidente que dans la conduite de Cyrus envers les Lydiens, après qu'il se fût emparé de Sardes, capitale de la Lydie et qu'il eût pris et emmené captif Crésus, ce tant riche roi, qui s'était rendu et remis à sa discrétion. On lui apporta la nouvelle que les habitants de Sardes s'étaient révoltés. Il les eût bientôt réduits à l'obéissance. Mais ne voulant pas saccager une aussi belle ville, ni être toujours obligé d'y tenir une armée pour la maîtriser, il s'avisa d'un expédient extraordinaire pour s'en assurer la possession : il établit des maisons de débauches et de prostitution, des tavernes et des jeux publics et rendit une ordonnance qui engageait les citoyens à se li-

---

* Térence. Eunuq., act. 3, sc. 1, v. 25.

vrer à tous ces vices. Il se trouva si bien de cette
espèce de garnison, que, par la suite, il ne fût
plus dans le cas de tirer l'épée contre les Lydiens. Ces misérables gens s'amusèrent à in-
venter toutes sortes de jeux, si bien, que de
leur nom même les latins formèrent le mot par
lequel ils désignaient ce que nous appelons
*passe-temps*, qu'ils nommaient, eux, *Ludi*, par
corruption de *Lydi*. Tous les tyrans n'ont pas
déclaré aussi expressément qu'ils voulussent
efféminer leurs sujets; mais de fait ce que celui-là ordonna si formellement, la plupart
d'entr'eux l'ont fait occultement. A vrai dire,
c'est assez le penchant naturel de la portion
ignorante du peuple qui, d'ordinaire, est plus
nombreuse dans les villes. Elle est soupçon-
neuse envers celui qui l'aime et se dévoue pour
elle, tandis qu'elle est confiante envers celui
qui la trompe et la trahit. Ne croyez pas qu'il y
ait nul oiseau qui se prenne mieux à la pipée,
ni aucun poisson qui, pour la friandise, morde
plus tôt et s'accroche plus vite à l'hameçon,
que tous ces peuples qui se laissent promptement allécher et conduire à la servitude, pour
la moindre douceur qu'on leur débite ou qu'on
leur fasse goûter. C'est vraiment chose mer-
veilleuse qu'ils se laissent aller si promptement, pour peu qu'on les chatouille. Les théâ-

tres, les jeux, les farces, les spectacles, les
gladiateurs, les bêtes curieuses, les médailles,
les tableaux et autres drogues de cette espèce
étaient pour les peuples anciens les appâts de
la servitude, la compensation de leur liberté
ravie, les instruments de la tyrannie*. Ce système, cette pratique, ces allèchements étaient
les moyens qu'employaient les anciens tyrans
pour endormir leurs sujets dans la servitude.
Ainsi, les peuples abrutis, trouvant beau tous
ces passe-temps, amusés d'un vain plaisir qui
les éblouissait, s'habituaient à servir aussi
niaisement mais plus mal encore que les petits
enfants n'apprennent à lire avec des images
enluminées. Les tyrans romains renchérirent
encore sur ces moyens, en festoyant souvent

---

* Eh! que n'avons-nous pas vu de nos jours en ce
genre? Les Osages et la girafe; les *bâfres* des Champs-
Élysées où l'on a fait tant de fois des distributions de
vin, de jambons et de cervelas; les parades et les re-
vues; les mâts de cocagne et les ballons; les joutes et
les représentations gratis; les illuminations et les feux
d'artifice; les courses de chevaux au Champ de Mars;
les expositions aux musées ou dans les grands bazards
d'industrie; tout récemment encore le fameux et si
couteux vaisseau de carton; et enfin, les jeux de
bourse plus infâmes encore que tout cela, et qui, certes
n'étaient pas connus des anciens.

les hommes des décuries * en gorgant ces gens abrutis et les flattant par où ils étaient plus faciles à prendre, le plaisir de la bouche. Aussi le plus instruit d'entr'eux n'eût pas quitté son écuelle de soupe pour recouvrer la liberté de la *république de Platon* **. Les tyrans fesaient ample largesse du quart de blé, du septier de vin, du sesterce ***; et alors c'était vraiment pitié d'entendre crier *vive le roi !* Les lourdauds ne s'apercevaient pas qu'en recevant toutes ces choses, ils ne fesaient que recouvrer une part de leur propre bien; et que cette portion même qu'ils en recouvraient, le tyran n'aurait pu la leur donner, si, auparavant, il ne l'eût enlevée à eux-mêmes. Tel ramassait aujourd'hui le sesterce, tel se gorgeait, au festin public, en bénissant et Tibère et Néron de leur libéralité, qui, le lendemain, étant contraint

---

* Réunion d'hommes du peuple, groupés et enrôlés de dix en dix, et nourris aux dépens du trésor public.

** Titre de l'un des ouvrages de ce philosophe; fiction, il est vrai, mais admirable, et qui pourrait se réaliser, si les hommes avaient tous la vertu du sage qu'il fait parler pour les instruire du divin Socrate.

*** Monnaie d'argent chez les Romains dont la plus petite valeur était d'environ 5 fr. 50.

d'abandonner ses biens à l'avarice, ses enfants à la luxure, son sang même à la cruauté de ces magnifiques empereurs, ne disait mot, pas plus qu'une pierre et ne se remuait pas plus qu'une souche. Le peuple ignorant et abruti a toujours été de même. Il est, au plaisir qu'il ne peut honnêtement recevoir, tout dispos et dissolu ; au tort et à la douleur qu'il ne peut raisonnablement supporter, tout-à-fait insensible. Je ne vois personne maintenant qui, entendant parler seulement de Néron, ne tremble au seul nom de cet exécrable monstre, de cette vilaine et sale bête féroce, et cependant, il faut le dire, après sa mort, aussi dégoutante que sa vie, ce fameux peuple romain en éprouva tant de déplaisir (se rappelant ses jeux et ses festins), qu'il fut sur le point d'en porter le deuil. Ainsi du moins nous l'assure Cornélius Tacite, excellent auteur, historien des plus véridiques et qui mérite toute croyance*. Et l'on ne trouvera point cela étrange, si l'on

---

* Cet historien dit : « La plus vile portion du peuple « habituée aux plaisirs du cirque et des théâtres, les « plus corrompus des esclaves et ceux qui, ayant dis-« sipé leurs biens, avides de désordres, n'étaient sub-« stantés que par les vices de Néron, tous furent « plongés dans la douleur. »

considère ce que ce même peuple avait fait à
la mort de Jules Cesar, qui foula aux pieds
toutes les lois et asservit la liberté romaine.
Ce qu'on exaltait surtout ( ce me semble) dans
ce personnage, c'était son humanité, qui,
quoiqu'on l'ait tant prônée fut plus funeste à
son pays que la plus grande cruauté du plus
sauvage tyran qui ait jamais vécu ; parce
qu'en effet ce fut cette fausse bonté, cette douceur empoisonnée qui emmiella le breuvage
de la servitude pour le peuple romain. Aussi
après sa mort ce peuple-là qui avait encore en
la bouche le goût de ses banquets et à l'esprit
la souvenance de ses prodigalités, amoncela **

---

* « Le jour des funérailles étant fixé, on lui éleva
« un bûcher dans le Champ-de-Mars, près du tom-
« beau de Julie; et vis-à-vis la tribune aux harangues
« un édifice doré sur le modèle du temple de Vénus-
« mère. On y voyait un lit d'ivoire couvert d'or et de
« pourpre, dont le chevet était surmonté d'un trophée
« et de la robe qu'il portait lorsqu'on le poignarda...
« Dans les jeux funéraires, on chanta des vers pour
« exciter la pitié pour César et l'indignation contre
« ses meurtriers...... Pour tout éloge Marc-Antoine fit
« prononcer par un hérault le senatus-consulte qui
« décernait à la fois à César tous les honneurs hu-
« mains et *divins* et le serment par lequel ils s'étaient
« tous obligés à le défendre; il n'y ajouta lui-même

les bancs de la place publique pour lui en faire honorablement un grand bûcher et réduire son corps en cendres ; puis il lui éleva * une colonne comme au *Père de la patrie* ( ainsi por-

---

« que peu de mots. Des magistrats en exercice ou sor-
« tis de fonctions portèrent le lit de parade dans la
« place publique ; les uns voulaient le brûler au Ca-
« pitole, dans le sanctuaire de Jupiter, les autres
« dans la salle du sénat, bâtie par Pompée, lorsque
« tout-à-coup deux hommes, l'épée au côté, et armés
« de deux javelots, mirent le feu au lit avec des flam-
« beaux. Aussitôt tous ceux d'alentour y entassèrent
« des branches sèches, les bancs, les siéges des juges
« et tous les présents qu'on avait apportés ; ensuite,
« les joueurs de flûte et les acteurs, dépouillant et dé-
« chirant les habits triomphaux dont ils s'étaient re-
« vêtus pour la cérémonie, les jetèrent dans la flamme ;
« les vétérans légionnaires y jetèrent les armes dont
« ils s'étaient parés pour les funérailles, et la plu-
« part des dames, les ornements qu'elles portaient et
« ceux de leurs enfants. Le deuil public fut extrême ; la
« multitude des nations étrangères y prit part ; cha-
« cune d'elles fit à sa manière des lamentations au-
« tour du bûcher et surtout les juifs qui le fréquen-
« tèrent plusieurs nuits consécutives ». (Suétone, vie de César, § 84.)

* Une colonne massive de près de vingt pieds, en pierres de Numidie, fut élevée ensuite dans la place publique avec l'inscription : *Au Père de la patrie.* (Suétone, vie de César, § 85.)

tait le chapiteau ), et enfin il lui rendit plus
d'honneur, tout mort qu'il était, qu'il n'en aurait du rendre à homme du monde, si ce n'est
à ceux qui l'avaient tué. Les empereurs romains n'oubliaient pas surtout de prendre le
titre de tribun du peuple, tant parce que cet
office était considéré comme saint et sacré, que
parce qu'il était établi pour la défense et protection du peuple et qu'il était le plus en faveur dans l'état. Par ce moyen ils s'assuraient
que ce peuple se fierait plus à eux, comme s'il
lui suffisait d'ouïr le nom de cette magistra-
ture, sans en ressentir les effets.

Mais ils ne font guère mieux ceux d'aujour-
d'hui, qui avant de commettre leurs crimes,
même les plus révoltants les font toujours pré-
céder de quelques jolis discours sur le bien
général, l'ordre public et le soulagement des
malheureux. Vous connaissez fort bien le for-
mulaire dont ils ont fait si souvent et si perfi-
dement usage *. Et bien, dans certains d'entr'eux, il n'y a même plus de place à la finesse
tant et si grande est leur impudence. Les rois
d'Assyrie, et, après eux, les rois Mèdes, ne

_____

* C'est la Boétie qui parle ; n'en doute nullement,
lecteur ....... pas d'allusion......... si tu le peux.

9

paraissaient en public que le plus tard possible, pour faire supposer au peuple qu'il y
avait en eux quelque chose de surhumain et
laisser en cette rêverie les gens qui se montent
l'imagination sur les choses qu'ils n'ont point
encore vues. Ainsi tant de nations, qui furent
assez long-temps sous l'empire de ces rois mys-
térieux, s'habituèrent à les servir, et les servaient d'autant plus volontiers qu'ils ignoraient quel était leur maître, ou même s'ils en
avaient un; de manière qu'ils vivaient ainsi
dans la crainte d'un être que personne n'avait
vu. Les premiers rois d'Égypte ne se montraient
guère sans porter, tantôt une branche, tantôt
du feu sur la tête : ils se masquaient ainsi et se
transformaient en bateleurs. Et cela pour in-
spirer, par ces formes étranges, respect et admiration à leurs sujets, qui, s'ils n'eussent pas
été si stupides ou si avilis, n'auraient dû que
s'en moquer et en rire. C'est vraiment pitoya-
ble d'ouïr parler de tout ce que fesaient les
tyrans du temps passé pour fonder leur tyrannie; de combien de petits moyens ils se servaient pour cela, trouvant toujours la multitude ignorante tellement disposée à leur gré,
qu'ils n'avaient qu'à tendre un piége à sa cré-
dulité pour qu'elle vînt s'y prendre; aussi
n'ont-ils jamais eu plus de facilité à la tromper

et ne l'ont jamais mieux asservie, que lorsqu'ils s'en moquaient le plus *.

Que dirai-je d'une autre sornette que les
peuples anciens prirent pour une vérité avérée.
Ils crurent fermement que l'orteil de Pyrrhus,
roi d'Épire, fesait des miracles et guérissait
des maladies de la rate. Ils enjolivèrent encore
mieux ce conte, en ajoutant : que lorsqu'on
eût brûlé le cadavre de ce roi, cet orteil se
trouva dans les cendres, intact et non atteint
par le feu. Le peuple a toujours ainsi sottement
fabriqué lui-même des contes mensongers,
pour y ajouter ensuite une foi incroyable. Bon
nombre d'auteurs les ont écrits et répétés, mais
de telle façon qu'il est aisé de voir qu'ils les ont
ramassés dans les rues et carrefours. Vespasien, revenant d'Assyrie, et passant par Alexan-
drie pour aller à Rome, s'empara de l'empire,
fît, disent-ils, des choses miraculeuses **. Il

---

* Oh ! pour le coup, on dirait que la Boétie écrivait d'avance l'histoire de ce qui se passe en certain
pays depuis 1830 !

** «....Deux hommes du peuple, l'un aveugle et
« l'autre boiteux, vinrent le trouver sur son tribunal,
« pour le prier d'appliquer à leur infirmité le remède
« que Sérapis leur avait révélé en songe : le premier
« se promettant de recouvrer la vue si Vespasien cra-
« chait sur ses yeux ; et le second de ne plus boiter,
« s'il daignait lui toucher la jambe avec le pied. »
(Suétone, vie de Vespasien, § 7.)

redressait les boiteux, rendait clairvoyants
les aveugles, et mille autres choses qui ne pouvaient être crues, à mon avis, que par des
imbécilles plus aveugles que ceux qu'on pré-
tendait guérir *. Les tyrans eux-mêmes trouvaient fort extraordinaire que les hommes
souffrissent qu'un autre les maltraita. Ils se
couvraient volontiers du manteau de la religion et s'affublaient quelquefois des attributs
de la divinité pour donner plus d'autorité à
leurs mauvaises actions. Entr'autres, Salmo-
née, qui, pour s'être ainsi moqué du peuple
auquel il voulut faire accroire qu'il était Jupiter, se trouve maintenant au fin fond de
l'enfer où (selon la sibylle de Virgile qui l'y a
vu) il expie son audace sacrilége :

Là des fils d'Aloüs gisent les corps énormes,
ceux qui, fendant les airs de leurs têtes difformes,
osèrent attenter aux demeures des Dieux,
et du trône éternel chasser le Roi des cieux.

---

* Et nos rois de France, qui valaient bien Vespasien, ne guérissaient-ils pas les écrouelles ? Ce char-
latanisme a duré bien long-temps, car il était encore
usité au sacre de Louis XV ( voir Lemontey). A ces
momeries en ont succédé bien d'autres qui, pour être
moins grossières, n'en sont pas moins pernicieuses
pour les pauvres peuples.

Là, j'ai vu de ces Dieux le rival sacrilége,
qui du foudre usurpant le divin privilége,
pour arracher au peuple un criminel encens,
de quatre fiers coursiers aux pieds retentissants
attelant un vain char dans l'Élide tremblante,
une torche à la main y semaient l'épouvante :
insensé, qui, du ciel prétendu souverain
par le bruit de son char et de son pont d'airain
du tonnerre imitait le bruit inimitable !
mais Jupiter lança le foudre véritable,
et renversa, couvert d'un tourbillon de feu,
le char, et les coursiers, et la foudre et le Dieu :
son triomphe fut court, sa peine est éternelle.

(Traduction de l'Énéide, par Delille, liv. 6.)

si celui qui n'était qu'un sot orgueilleux, se trouve là bas si bien traité, je pense que ces misérables qui ont abusé de la religion pour faire le mal, y seront à plus juste titre punis selon leurs œuvres.

Nos tyrans à nous, semèrent aussi en France je ne sais trop quoi : des *crapauds*, des *fleurs de lys*, *l'ampoule*, *l'oriflamme*. Toutes choses que *, pour ma part, et comme qu'il en soit,

---

* Par tout ce que la Boëtie nous dit ici des *fleurs de lys*, de *l'ampoule* et de *l'oriflamme*, il est aisé de deviner ce qu'il pense véritablement des choses mira-

9.

je ne veux pas encore croire n'être que de
véritables balivernes, puisque nos ancêtres
les croyaient et que de notre temps nous n'a-
vons eu aucune occasion de les soupçonner
telles, ayant eu quelques rois, si bons en la

---

culeuses qu'on en conte. Et le bon Pasquier (a) n'en
jugeait point autrement que la Boëtie : « Il y a en chaque
« république, nous dit-il (dans ses Recherches de la
« France, liv. VIII, C. XXI) plusieurs histoires que
« l'on tire d'une longue ancienneté, sans que le plus
« souvent l'on en puisse sonder la vraie origine ; et
« toutefois on les tient non-seulement pour véritables,
« mais pour grandement autorisées et consacrées. De
« telles marques, nous en trouvons plusieurs tant en
« Grèce que dans la ville de Rome. Et de cette même
« façon nous avons presque attiré jusqu'à nous, l'an-
« cienne opinion que nous eûmes de l'auriflamme,
« l'invention de nos fleurs de lys, que nous attribuons

(a) Ce bon Pasquier est un des ancêtres de M⁰ Étienne
Denis Pasquier, actuel président de la cour des pairs,
qui mériterait bien une tout autre épithète, qui en
mériterait même plusieurs autres, ne fut-ce que par la
mystification à lui infligée trop débonnairement sans
doute par le conspirateur républicain Malet, l'an 1812 ;
la trahison de son maître l'empereur dans la nuit du
30 au 31 mars 1814 ; sa singerie cicéronienne à la
chambre des députés (session 1819) où, parlant des
séditieux de l'opposition, il disait : *s'ils bougent, ils auront vécu.* Aujourd'hui, il fait pis que tout cela.

paix, si vaillants en la guerre, que, bien
qu'ils soient nés rois, il semble que la nature
ne les aient pas faits comme les autres et que
Dieu les ait choisis avant même leur naissance
pour leur confier le gouvernement et la garde
de ce royaume *. Encore quand ces excep-

---

« à la divinité, et plusieurs autres telles choses, les-
« quelles, bien qu'elle ne soient aidées d'auteurs an-
« ciens, il est bienséant à tout bon citoyen de les croire
« pour la majesté de l'empire. » Tout cela, réduit à
sa juste valeur, signifie que c'est par pure complaisance qu'il faut croire ces sortes de choses. Dans un
autre endroit du même ouvrage (liv. II ch. XVII)
Pasquier remarque qu'il y a eu des rois de France qui
ont eu pour armoiries *trois crapauds*; mais que Clovis », pour rendre son royaume plus miraculeux, se
« fit apporter par un ermite, comme par avertissement
du ciel, les fleurs de lys, lesquelles se sont conti-
nuées jusques à nous. » Ce dernier passage n'a pas besoin de commentaire. L'auteur y déclare fort nette-
ment et sans détour à qui l'on doit attribuer l'invention des fleurs de lys.

* Ce passage est l'unique précaution oratoire que la
Boëtie ait glissée dans son ouvrage, comme passeport
aux vérités dures qu'il renferme. Je l'y ai fidèlement
conservée. Au reste, cet ouvrage fut écrit sous le règne
de François II ; il est toutefois possible que le souvenir récent de celui de Louis XII ait arraché cet hommage à l'auteur ; mais il avait vécu aussi sous le règne
de François Ier. et la Boëtie était bien capable d'ap-

tions ne seraient pas, je ne voudrais pas entrer en discussion pour débattre la vérité de
nos histoires, ni les éplucher trop librement
pour ne point ravir ce beau thème, où pourront si bien s'escrimer ceux de nos auteurs
qui s'occupent de notre poésie française, non-
seulement améliorée, mais, pour ainsi dire,
refaite à neuf par nos poëtes Ronsard, Baïf
et du Bellay, qui en cela font tellement progresser notre langue que bientôt, j'ose l'espérer, nous n'aurons rien à envier aux Grecs
et aux Latins, sinon le droit d'aînesse. Et certes, je ferais grand tort à notre rithme (j'use
volontiers de ce mot qui me plait), car bien
que plusieurs l'aient rendu purement méca-
nique, je vois toutefois assez d'auteurs capables de l'annoblir et de lui rendre son premier lustre : je lui ferais, dis-je, grand tort de
lui ravir ces beaux contes du roi Clovis,
dans lesquels avec tant de charmes et d'aisance s'exerce ce me semble, la verve de
notre Ronsard en sa Franciade. Je pressens sa

---

précier à sa juste valeur ce fanfaron d'honneur, cet
arlequin royal dont la phrase si vantée : *Tout est
perdu fors l'honneur,* se terminait par ce compliment dégoutant de fatuité.... *et surtout ma personne qui est
saulve de tout danger.*

portée, je connais son esprit fin et la grâce
de son style. Il fera son affaire de l'oriflamme,
aussi bien que les Romains de leurs ancilles
et des *boucliers précipités du ciel* dont parle
Virgile. Il tirera de notre ampoule un aussi
bon parti que les Athéniens firent de leur
corbeille d'Erisicthone*. On parlera encore
de nos armoiries dans la tour de Minerve. Et
certes, je serais bien téméraire de démentir
nos livres fabuleux et dessécher ainsi le terrain
de nos poëtes. Mais pour revenir à mon sujet,
duquel je ne sais trop comment je me suis
tant éloigné, n'est-il pas évident que, pour
se raffermir, les tyrans se sont continuellement efforcés d'habituer le peuple non-seulement à l'obéissance et à la servitude, mais
encore à une espèce de dévotion envers eux?
Tout ce que j'ai dit jusqu'ici sur les moyens

* Un habile traducteur anglais a donné sur ce passage une note très curieuse et très-utile pour ceux qui
ne sauraient point ce que c'est que la *corbeille d'Erisicthone*. La voici en substance : « Callimaque, dans
son hymne à Cérès, parle d'une corbeille qu'on sup-
posait descendre du ciel et qui était portée sur le
soir dans le temple de cette déesse, lorsqu'on célé-
brait sa fête. Suidas dit que la cérémonie des cor-
beilles fut instituée sous le règne d'Erisicthone.

employés par les tyrans pour asservir, n'est
guères mis en usage par eux que sur la partie
ignorante et grossière du peuple.

J'arrive maintenant à un point qui est,
selon moi, le secret et le ressort de la domination, le soutien et le fondement de toute
tyrannie. Celui qui penserait que les halle-
bardes des gardes et l'établissement du guet
garantissent les tyrans, se tromperait fort.
Ils s'en servent plutôt, je crois, par forme et
pour épouvantail, qu'ils ne s'y fient. Les
archers barrent bien l'entrée des palais aux
moins habiles, à ceux qui n'ont aucun moyen
de nuire; mais non aux audacieux et bien
armés qui peuvent tenter quelque entreprise.
Certes, il est aisé de compter que, parmi les
empereurs romains il en est bien moins de
ceux qui échappèrent au danger par le
secours de leurs archers, qu'il y en eût de
tués par leurs propres gardes. Ce ne sont pas
les bandes de gens à cheval, les compagnies
de gens à pied, en un mot ce ne sont pas
les armes qui défendent un tyran, mais bien
toujours (on aura quelques peine à le croire
d'abord, quoique ce soit exactement vrai)
quatre ou cinq hommes qui le soutiennent
et qui lui assujettissent tout le pays. Il en a
toujours été ainsi que cinq à six ont eu

l'oreille du tyran et s'y sont approchés d'eux-
même ou bien y ont été appelés par lui pour
être les complices de ses cruautés , les compagnons de ses plaisirs, les complaisants de
ses sales voluptés et les co-partageants de ses
rapines. Ces six dressent si bien leur chef, qu'il
devient, envers la société, méchant, non-
seulement de ses propres méchancetés mais,
encore des leurs. Ces six, en ont sous eux
six cents qu'ils dressent, qu'ils corrompent
aussi comme ils ont corrompu le tyran. Ces
six cents en tiennent sous leur dépendance six
mille qu'ils élèvent en dignité, auxquels ils
font donner, ou le gouvernement des provinces, ou le maniement des deniers publics,
afin qu'ils favorisent leur avarice ou leur
cruauté, qu'ils les entretiennent ou les exécu-
tent à point nommé et fassent d'ailleurs tant
de mal, qu'ils ne puissent se maintenir que par
leur propre tutelle, ni s'exempter des lois et
de leurs peines que par leur protection *.
Grande est la série de ceux qui viennent
après ceux-là. Et qui voudra en suivre la

---

* Quelle vérité dans ce tableau! ne dirait-on pas
qu'il a été tracé de nos jours, et en face de ce qui se
passe sous nos yeux?...

trace verra que non pas six mille, mais cent
mille, des millions tiennent au tyran par cette
filière et forment entr'eux une chaîne non
interrompue qui remonte jusqu'à lui. Comme
Homère le fait dire à Jupiter qui se targue, en
tirant une pareille chaîne, d'amener à lui tous
les Dieux. De là venait l'accroissement du
pouvoir du sénat sous Jules César; l'établissement de nouvelles fonctions, l'élection à des
offices, non certes et à bien prendre, pour
réorganiser la justice, mais bien pour donner
de nouveaux soutiens à la tyrannie. En
somme, par les gains et parts de gains que
l'on fait avec les tyrans, on arrive à ce point
qu'enfin il se trouve presque un aussi grand
nombre de ceux auxquels la tyrannie est
profitable, que de ceux auxquels la liberté
serait utile. C'est ainsi qu'au dire des médecins, bien qu'en notre corps rien ne paraisse
gaté, dès qu'en un seul endroit quelque tu-
meur se manifeste, toutes les humeurs se portent vers cette partie véreuse : pareillement,
dès qu'un roi s'est déclaré tyran, tout le
mauvais, toute la lie du royaume, je ne dis
pas un tas de petits friponneaux et de faquins
perdus de réputation, qui ne peuvent faire
mal ni bien dans un pays, mais ceux qui sont
possédés d'une ardente ambition et d'une no-

table avarice se groupent autour de lui et le
soutiennent pour avoir part au butin et être,
sous le grand tyran, autant de petits tyran-
neaux. Ainsi sont les grands voleurs et les fameux corsaires : les uns découvrent le pays,
les autres pourchassent les voyageurs ; les uns
sont en embuscade, les autres au guet ; les
uns massacrent, les autres dépouillent ; et
bien qu'il y ait entr'eux des rangs et des
prééminences et que les uns ne soient que les
valets et les autres les chefs de la bande, à la
fin il n'y en a pas un qui ne profite, si non
du principal butin, du moins du résultat de
la fouille. Ne dit-on pas que non-seulement
les pirates Ciliciens * se rassemblèrent en si
grand nombre qu'il fallut envoyer contr'eux
le grand Pompée ; mais qu'en outre ils attirè-
rent à leur alliance plusieurs belles villes et
grandes cités dans les havres desquels, revenant de leurs courses, ils se mettaient en
sûreté, donnant en échange à ces villes une
portion des pillages qu'elles avaient recélés.
C'est ainsi que le tyran asservit les sujets

* Les habitants de la Cilicie, ancienne province
de l'Asie-Mineure qui fait aujourd'hui partie de la
Turquie-d'Asie. Ils étaient alors ce que les Algériens
étaient à notre époque.

les uns par les autres. Il est gardé par ceux desquels il devrait se garder, s'il n'étaient avilis : mais, comme on l'a fort bien dit pour fendre le bois, il se fait des coins du bois même. Tels sont ses archers, ses gardes, ses hallebardiers. Non que ceux-ci ne souffrent souvent eux-mêmes de son oppression ; mais ces misérables, maudits de Dieu et des hommes, se contentent d'endurer le mal, pour en faire, non à celui qui le leur fait, mais bien à ceux qui, comme eux, l'endurent et n'y peuvent rien. Et toute fois, quand je pense à ces gens-là, qui flattent bassement le tyran pour exploiter en même temps et sa tyrannie et la servitude du peuple, je suis presque aussi surpris de leur stupidité que de leur méchanceté*. Car, à vrai dire, s'approcher du tyran, est-ce autre chose que s'éloigner de la liberté et, pour ainsi dire, embrasser et serrer à deux mains la servitude? Qu'ils mettent un moment à part leur ambition, qu'ils se dégagent un peu de leurs sordide avarice, et puis, qu'ils se regardent, qu'ils se

---

* Ne vous fachez pas, messieurs les furieux de modération ; ce n'est pas moi, c'est ce bon Étienne qui, depuis près de trois siècles, vous a adressé cette injure que vous méritez si bien.

considèrent en eux-même : ils verront claire-
ment que ces villageois, ces paysans qu'ils
foulent aux pieds et qu'ils traitent comme des
forçats ou des esclaves *, ils verront, dis-je,
que ceux-là, ainsi mal menés, sont plus
heureux et en quelque sorte plus libres
qu'eux. Le laboureur et l'artisan, pour tant
asservis qu'ils soient, en sont quittes en obéis-
sant ; mais le tyran voit ceux qui l'entourent,
coquinant et mendiant sa faveur. Il ne faut
pas seulement qu'ils fassent ce qu'il ordonne,
mais aussi qu'ils pensent ce qu'il veut, et
souvent même, pour le satisfaire, qu'ils
préviennent aussi ses propres désirs. Ce n'est
pas tout de lui obéir, il faut lui complaire, il
faut qu'ils se rompent, se tourmentent, se
tuent à traiter ses affaires et puisqu'ils ne se
plaisent que de son plaisir, qu'ils sacrifient
leur goût au sein, forcent leur tempérament
et le dépouillent de leur naturel. Il faut qu'ils
soient continuellement attentifs à ses paroles,
à sa voix, à ses regards, à ses moindres gestes :
que leurs yeux, leurs pieds, leurs mains soient

* Qu'ils appellent, dans leur présomptueux dédain,
*prolétaires* : et, dans leur rage, *barbares*. (Voir le fameux article du journal des débats du........)

continuellement occupés à suivre ou imiter
tous ses mouvements, épier et deviner ses
volontés et découvrir ses plus secrètes pensées.
Est-ce là vivre heureusement? Est-ce même
vivre? Est-il rien au monde de plus insuppor-
table que cet état, je ne dis pas pour tout
homme bien né, mais encore pour celui qui
n'a que le gros bon-sens, ou même figure
d'homme? Quelle condition est plus misérable
que celle de vivre ainsi n'ayant rien à soi et
tenant d'un autre son aise, sa liberté, son
corps et sa vie!!

Mais ils veulent servir pour amasser des
biens : comme s'ils pouvaient rien gagner qui
fut à eux, puisqu'ils ne peuvent pas dire qu'ils
sont à eux-mêmes. Et, comme si quelqu'un
pouvait avoir quelque chose à soi sous un
tyran, ils veulent pouvoir se dire possesseurs
de biens, et ils oublient que ce sont eux qui
lui donnent la force de ravir tout à tous, et
de ne laisser rien qu'on puisse dire être à personne. Ils savent pourtant que ce sont les
biens qui rendent les hommes plus dépendants
de sa cruauté; qu'il n'y a aucun crime envers
lui et selon lui plus digne de mort, que l'indé-
pendance, ou *l'avoir de quoi*; qu'il n'aime que
les richesses et s'attaque de préférence aux
riches, qui viennent cependant se présenter

à lui, comme les moutons devant un boucher, pleins et bien repus, comme pour exciter sa voracité. Ces favoris ne devraient pas tant se souvenir de ceux qui ont gagné beaucoup de biens autour des tyrans, que de ceux qui s'y étant gorgés d'or pendant quelque temps, y ont perdu peu après et les biens et la vie. Il ne leur devrait pas venir tant à l'esprit combien d'autres y ont acquis des richesses, mais plutôt, combien peu de ceux-là les ont gardées. Qu'on parcoure toutes les anciennes histoires, que l'on considère toutes celles qui sont à notre souvenance et l'on verra parfaitement combien est grand le nombre de ceux qui, étant arrivés par d'indignes moyens jusqu'à l'oreille des princes, soit en flattant leurs mauvais penchants, soit en abusant de leur simplicité, ont fini par être écrasés par ces mêmes princes qui avaient mis autant de facilité à les élever qu'ils ont eu d'inconstance à les conserver. Certainement parmi le grand nombre de ceux qui se sont trouvés auprès des mauvais rois, il en est peu, ou presque point qui n'aient éprouvé quelquefois en eux-même la cruauté du tyran qu'ils avaient auparavant attisée contre d'autres, et qui, s'étant le plus souvent enrichis, à l'ombre de sa faveur, des dépouilles d'autrui, n'aient eux-mêmes enrichi les autres de leur propre dépouille *.

Les gens de bien même, si par fois il s'en trouve un seul aimé du tyran, pour si avant qu'ils soient dans sa bonne grâce, pour si brillantes que soient en eux la vertu et l'intégrité qui toujours vues de près, inspirent, même aux méchants, quelque respect; ces gens de bien, dis-je, ne sauraient se soutenir auprès du tyran; il faut qu'ils se ressentent aussi du mal commun, et qu'à leurs dépens ils éprouvent ce que c'est que la tyrannie. On peut en citer quelques-uns tels que : Sénéque, Burrhus, Trazéas, cette trinité de gens de bien, dont les deux premiers eurent le malheur de s'approcher d'un tyran qui leur confia le maniement de ses affaires : tous deux estimés et chéris par lui, dont l'un l'avait éduqué et tenait pour gage de son amitié les soins qu'il avait eus de son enfance; mais ces trois-là seulement, dont la mort fut si cruelle, ne sont-ils pas des exemples suffisants du peu de confiance que l'on doit avoir dans de méchants maîtres. Et en vérité quelle amitié attendre

---

* Cette peinture, pour si terrible et si exacte qu'elle soit, n'effraiera pas, j'en suis sûr, nos affamés de places et de budjets.

de celui qui a le cœur assez dur pour haïr tout
un royaume qui ne fait que lui obéir, et d'un
être qui ne sachant aimer, s'appauvrit lui-
même et détruit son propre empire * ?

Or si on veut dire que Sénèque, Burrhus et
Traséas n'ont éprouvé ce malheur que pour
avoir été trop gens de bien, qu'on cherche

---

* Car un roi qui connaîtrait ses vrais intérêts ne
saurait s'empêcher de voir que : « en appauvrissant
« ses sujets, il s'appauvrirait aussi certainement lui-
« même qu'un jardinier qui, après avoir cueilli le
« fruit de ses arbres, les couperait pour les vendre
« etc., etc..... »
Ce fragment de note que j'extrais d'une autre plus
longue de Coste et dans laquelle il cite aussi Alexandre et Darius comme des feseurs de belles maximes,
ne se rapporte qu'au mot *appauvrir* qui se trouve dans
le texte. N'aurait-il pas pu l'étendre au mot *détruire*
qui le suit ? et rappeler à ce sujet le crime de Néron
qui, pour son bon plaisir et comme par passe-temps, fit
mettre le feu à Rome, capitale de son empire, le tout
pour voir quelle grimace feraient ses sujets ainsi gril-
lés ? ...... De nos jours se passe-t-il des choses aussi
épouvantables ?....... Non, mais voyez le progrès de
l'humanité ; si de son temps les canons et la poudre
à tirer eussent été connus, Néron, je gage, se fût
contenté de faire mitrailler les Romains, comme l'a
fait en juillet 1830, Charles X, qu'on aurait, à juste
titre, surnommé le mitrailleur, si depuis..., mais chut!!!

hardiment autour de Néron lui-même et on verra que tous ceux qui furent en grâce auprès de lui et qui s'y maintinrent par leur méchanceté, ne firent pas meilleure fin. Qui jamais a ouï parler d'un amour si effréné, d'une affection si opiniâtre ; qui a jamais vu d'hommes aussi obstinément attaché à une femme que celui-là le fut à Poppée ? Eh! bien, ne fut-elle pas empoisonnée par lui-même * ? Agrippine sa mère, n'avait-elle pas, pour le placer sur le trône, tué son propre mari Claude, tout entrepris pour le favoriser, et même commis toutes sortes de crimes ? et cependant son propre fils, son nourrisson, celui-là même qu'elle avait fait empereur de sa propre main **,

---

* Selon Suétone et Tacite, Néron dans un accès de colère la tua d'un coup de pied dans le ventre pendant le temps de sa grossesse. Tacite ajoute : Par passion plutôt que sur un fondement raisonnable, plusieurs écrivains ont publié que Poppée avait été empoisonée par Néron.

** « .... Trois fois il essaya le poison, et la trouvant
« munie de préservatifs, il prépara un plafond qui de-
« vait se détendre artificiellement la nuit, et tomber
« sur elle pendant son sommeil. L'indiscrétion de ses
« complices éventa ce projet, et il imagina un vaisseau
« qui en s'ouvrant la noierait ou l'écraserait de ses
« débris, feignit donc de se reconcilier avec elle, et

après l'avoir ravalé, lui ôta la vie ; personne ne nia qu'elle n'eût bien mérité cette punition à laquelle on eût généralement applaudi si elle avait été infligée par tout autre. Qui fut jamais plus aisé à manier, plus simple et, pour mieux dire, plus stupide que l'empereur Claude ? qui fut jamais plus coiffé d'une femme que lui de Messaline ? Il la livra pourtant au bourreau. Les tyrans bêtes, sont toujours bêtes quand il s'agit de faire le bien, mais

---

« l'invita par des lettres très-flatteuses à venir à Baies,
« célébrer avec lui les fêtes de Pallas. Il la retint long-
« temps à table, après avoir chargé les capitaines des
« galères de fracasser, comme par un choc fortuit,
« celle qui l'avait amenée. A sa place, il lui offrit,
« pour retourner à Bauli, le vaisseau qu'on avait cons-
« truit avec artifice. Il l'y conduisit avec gaieté, et
« même en se séparant d'elle, il lui baisa le sein. Il
« veilla le reste du temps, attendant avec une grande
« anxiété l'issue de son entreprise. Mais informé
« qu'elle avait mal réussi, et que sa mère était échap-
« pée à la nage, et ne sachant plus à quoi recourir, il
« profita de l'arrivée de L. Agerinus, affranchi d'Agrip-
« pine qui lui annonçait avec joie qu'elle était sau-
« vée. Un poignard jeté furtivement à côté de lui fut
« le prétexte dont il se servit pour le faire saisir et
« enchaîner comme un assassin envoyé par sa mère ;
« et il la fit tuer aussitôt, voulant donner à croire
« qu'elle s'était dérobée par une mort volontaire à la
« découverte de son crime. (Suétone, vie de Néron § 34.).

je ne sais comment, à la fin, pour si peu qu'ils
aient d'esprit, il se réveille en eux pour user
de cruauté *, même envers ceux qui leur
tiennent de près. Il est assez connu le mot
atroce de celui-là ** qui voyant la gorge découverte de sa femme, de celle qu'il aimait le
plus, sans laquelle il semblait qu'il ne pût
vivre, lui adressa ce joli compliment : « Ce
beau cou sera coupé tout-à-l'heure, si je l'ordonne. » Voilà pourquoi la plupart des anciens
tyrans ont presque tous été tués par leurs favoris qui ayant connu la nature de la tyran-

---

* Témoin le stupide et cruel Charles X de récente
mémoire.

** *De Caligula*, duquel Suétone a retracé la férocité
en ces termes : « On peut juger de ses cruelles plaisante-
« ries par celles-ci : Se tenant un jour debout auprès de
« la statue de Jupiter, il demanda à l'acteur tragique
« Appelle : *qui de Jupiter ou de moi te semble le plus*
« *grand?* L'acteur, embarrassé, tardant trop à ré-
« pondre, il le fit déchirer à coups de fouet, tout en
« fesant l'éloge de sa voix suppliante, dont la douceur
« n'était pas même altérée par les gémissements. Toutes
« les fois qu'il baisait le cou de sa femme ou de sa
« maîtresse, il ajoutait : *Un si beau cou sera tranché*
« *à mon premier ordre.* Il disait même *qu'il n'épargne-*
« *rait pas les plus cruelles tortures à Césonie, pour sa-*
« *voir d'elle pourquoi il l'aimait tant.* » (Suétone, vie
de Caligula, § 33).

nie étaient peu rassurés sur la volonté du tyran et se défiaient continuellement de sa puissance. Ainsi Domitien fut tué par Stéphanus * ; Commode par une de ses maîtresses ** ; Caracalla par le centurion Martial***excité par

---

* « Voici à peu près tout ce qu'on a su sur les préparatifs et le genre de sa mort. Les conjurés restant indécis quand et comment ils l'attaqueraient, si c'était au bain ou à son souper ; Stéphanus intendant de Domitilla, alors accusé de malversations, leur offrit ses conseils et ses services. Pour écarter tout soupçon, il feignit d'avoir mal au bras gauche qu'il tint enveloppé de laine et de bandelettes durant quelques jours. A l'instant marqué il y cacha un poignard et fut admis sous prétexte d'une conjuration qu'il voulait révéler. Il profita de l'intervalle où Domitien lisait avec étonnement le mémoire qu'il venait de lui remettre, pour lui percer les aines. Quoique blessé, le tyran se défendait, lorsque Clodianus, décoré de la corne militaire ( espèce de décoration de l'époque) Maximus affranchi de Parthénius, Saturius décurion de la chambre, et un gladiateur fondirent sur lui et lui firent sept blessures dont il expira. » (Suétone, vie de Domitien, § 17.)

** Qui se nommait *Marcia* ( V. Hérodien, liv. 1. )

*** *Antonin Caracala*, qu'un centurion, nommé Martial, tua d'un coup de poignard à l'instigation de Macrin, comme on peut le voir dans Hérodien (liv. 4 vers la fin).—Le premier imprimeur de ce discours avait mis ici *Marin* au lieu de *Macrin* ; faute évidente.

Macrin, et de même presque tous les autres *.

Certainement le tyran n'aime jamais et jamais n'est aimé. L'amitié, c'est un nom sacré,

---

Étienne de la Boétie ne pouvait pas se tromper au nom de Macrin, trop connu dans l'histoire, puisqu'il fut élu empereur à la place d'Antonin Caracalla.

* La dégoutante revue de tous ces empereurs romains, leur sale vie, leur férocité, leurs forfaits et leurs crimes, sont tellement atroces, qu'on voudrait pouvoir les révoquer en doute ; mais ils nous sont attestés par les historiens les plus dignes de foi. Nos tyrans modernes sont-ils moins cruels ? seraient-ils moins coupables parce qu'ils exercent leurs meurtres en grand ? Le carcere duro du bénin despote autrichien, le récent massacre des Polonais, *le règne de l'ordre* à Varsovie, seront-ils considérés par l'histoire comme moins infames que les crimes des empereurs romains ?.....je ne le pense pas. Mais, de nos temps, n'avons-nous pas eu nos Néron et nos Caligula. Une seule cour du nord, celle qui étouffe si bien les nations entières, ne nous présente-t-elle pas une série non interrompue d'assassinats dans la propre famille régnante ? Et ce fameux Ferdinand VII, dernier tyran de l'Espagne, n'a-t-il pas, comme Néron, tué sa première femme, *d'un coup de pied dans le ventre, pendant sa grossesse* ? n'a-t-il pas, nouveau Caligula, jeté une tasse de chocolat bouillant sur le sein de sa seconde fiancée « *pour voir seulement*, repondait-il froidement à son père Charles IV, *quelle grimace elle ferait.* » De tout temps, les tyrans ont été des vraies bêtes féroces.

c'est une chose sainte : elle ne peut exister qu'entre gens de bien, elle naît d'une mutuelle estime, et s'entretient non tant par les bienfaits que par bonne vie et mœurs. Ce qui rend un ami assuré de l'autre, c'est la connaissance de son intégrité. Il a, pour garants, son bon naturel, sa foi, sa constance ; il ne peut y avoir d'amitié où se trouvent la cruauté, la déloyauté, l'injustice. Entre méchants, lorsqu'ils s'assemblent, c'est un complot et non une société. Ils ne s'entretiennent pas, mais s'entrecraignent. Ils ne sont pas amis, mais complices.

Or, quand bien même cet empêchement n'existerait pas, il serait difficile de trouver en un tyran une amitié solide, parce qu'étant audessus de tous et n'ayant point de pair, il se trouve déjà au-delà des bornes de l'amitié, dont le siége n'est que dans la plus parfaite équité, dont la marche est toujours égale et où rien ne cloche. Voilà pourquoi il y a bien, dit-on, une espèce de bonne-foi parmi les voleurs lors du partage du butin, parce qu'ils sont tous pairs et compagnons, et s'ils ne s'aiment, du moins, ils se craignent entr'eux et ne veulent pas, en se désunissant, amoindrir leur force. Mais les favoris d'un tyran ne peuvent jamais se garantir de son oppression parce qu'ils lui ont euxmêmes appris qu'il peut tout, qu'il n'y a, ni

11.

droit, ni devoir qui l'oblige, qu'il est habitué de n'avoir pour raison que sa volonté, qu'il n'a point d'égal et qu'il est maître de tous. N'est-il pas extrêmement déplorable que malgré tant d'exemples éclatants et un danger si réel, personne ne veuille profiter de ces tristes expériences et que tant de gens s'approchent encore si volontiers des tyrans et qu'il ne s'en trouve pas un qui ait le courage et la hardiesse de lui dire ce que dit (dans la fable) le renard au lion qui contrefaisait le malade : « J'irais « bien te voir de bon cœur dans ta tanière; mais « je vois assez de traces de bêtes qui vont en « avant vers toi, mais de celles qui reviennent « en arrière, je n'en vois pas une *. »

Ces misérables voient reluire les trésors du tyran; il admirent tout étonnés l'éclat de sa magnificence, et, alléchés par cette splendeur, ils s'approchent, sans s'apercevoir qu'ils

---

* Ce bon Jean Lafontaine, vrai jacobin du 17ᵉ siècle, a rendu ce même trait dans ces deux vers pleins de grâce :

................... mais dans cet antre,
je vois fort bien comme l'on entre
et ne vois pas comme on en sort.

(Liv. 6, fable, 14.)

se jettent dans la flamme, qui ne peut manquer de les dévorer. Ainsi l'indiscret satyre, comme le dit la fable, voyant briller le feu ravi par le sage Prométhée, le trouva si beau qu'il alla le baiser et se brûla. * Ainsi le papillon qui, espérant jouir de quelque plaisir se jette sur la lumière parce qu'il la voit briller, éprouve bientôt, comme dit Lucain, qu'elle a aussi la vertu de brûler. Mais supposons encore que ces mignons échappent des mains de celui qu'ils servent, ils ne se sauvent jamais de celles du roi qui lui succède. S'il est bon, il faut rendre compte et se soumettre à la raison ; s'il est mauvais et pareil à leur ancien maître, il ne peut manquer d'avoir aussi des favoris, qui d'ordinaire, non contents d'enlever la place des autres, leur arrachent encore et leurs biens et leur vie. Comment se peut-il donc qu'il se trouve quelqu'un qui, à l'aspect de si grands dangers et avec si

---

* Ceci est pris d'un traité de Plutarque intitulé : *Comment on pourra recevoir utilité de ses ennemis*, ch. 2, de la traduction d'Amiot, dont voici les propres paroles : « Le satyre voulut baiser et embrasser le feu la première fois qu'il le vit ; mais Prométhée lui cria : « *Bouquin, tu pleureras la barbe de ton menton, car il brûle quand on y touche.* »

peu de garantie, veuille prendre une position si difficile, si malheureuse et servir avec tant de périls un si dangereux maître? Quelle peine, quel martyre, est-ce grand Dieu! être nuit et jour occupé de plaire à un homme, et néanmoins se méfier de lui plus que de tout autre au monde: avoir toujours l'œil au guet, l'oreille aux écoutes, pour épier d'où viendra le coup, pour découvrir les embûches, pour éventer la mine de ses concurrents, pour dénoncer qui trahit le maître; rire à chacun, s'entre-craindre toujours, n'avoir ni ennemi reconnu, ni ami assuré; montrer toujours un visage riant et avoir le cœur transi: ne pouvoir être joyeux et ne pas oser être triste *.

Mais il est vraiment curieux de considérer ce qui leur revient de tout ce grand tourment et le bien qu'ils peuvent attendre de leur peine et de cette misérable vie. D'ordinaire, ce n'est pas le tyran que le peuple accuse du

---

* Eh bien, chers amis! que dites-vous de cette vie si bien peinte en ces quelques lignes? n'est-ce pas une vraie galère? Et pourtant ces misérables qui s'y adonnent, qui courent volontairement à la turpitude, osent encore vous calomnier et vous injurier, vous, qui aimez mieux manier l'alène, la hache, le rabot ou la navette, que de mener cet infâme train-là!!

mal qu'il souffre, mais bien ceux qui gouvernent ce tyran. Ceux-là, le peuple, les nations, tout le monde à l'envi, jusques aux paysans, aux laboureurs, savent leurs noms, découvrent leurs vices, amassent sur eux mille outrages, mille injures, mille malédictions. Toutes les imprécations, tous les vœux sont tournés contr'eux. Tous les malheurs, toutes les pestes, toutes les famines, ceux qu'ils appellent *sujets* les leur imputent ; et si, quelquefois, ils leur rendent en apparence quelques hommages, alors même ils les maudissent au fond de l'ame et les ont en plus grande horreur que les bêtes féroces. Voilà la gloire, voilà l'honneur qu'ils recueillent de leur service, aux yeux de ces gens qui, s'ils pouvaient avoir chacun un morceau de leur corps, ne seraient pas encore (ce me semble) satisfaits ni même à demi-consolés de leurs souffrances. Et, lors même que ces tyrans ne sont plus, les écrivains qui viennent après eux, ne manquent pas de noircir, de mille manières, la mémoire de ces mange-peuples*.

---

\* C'est le titre qu'on donne à un roi dans Homère (Illiade A, v. 341) et dont la Boëtie régale très-justement ces premiers ministres, ces intendants et sur-

Leur réputation est déchirée dans mille livres, leurs os mêmes sont, pour ainsi dire, traînés dans la boue par la postérité, et tout cela, comme pour les punir encore après leur mort, de leur méchante vie.

Apprenons donc enfin, apprenons à bien faire. Levons les yeux vers le ciel, et pour notre honneur, pour l'amour même de la vertu, adressons-nous à Dieu tout puissant, témoin de tous nos actes et juge de nos fautes. Pour moi, je pense bien, et ne crois point me tromper, que puisque rien n'est plus contraire à Dieu, souverainement juste et bon, que la tyrannie; il réserve sans doute au fond de l'enfer, pour les tyrans et leurs complices, un terrible châtiment.

---

intendants des finances qui, par les impositions excessives et injustes dont ils accablent le peuple gâtent et dépeuplent les pays dont on leur a abandonné le soin, font bientôt d'un puissant royaume où florissaient les arts, l'agriculture et le commerce, un désert affreux où règnent la barbarie et la pauvreté, jettent le prince dans l'indigence, le rendent odieux à ce qui lui reste de sujets et méprisable à ses voisins. C...

# Quelques citations historiques

DE

## NOS ANNALES RÉPUBLICAINES.

---

En relatant ici quelques-uns des traits héroïques qui ont illustré notre époque, je n'ai nullement l'intention de déprécier les grands exemples qui nous ont été transmis par l'antiquité. Je suis loin de partager, pour *les Grecs et les Romains* ce dédaigneux mépris dont un petit poète (le poéte des ventrus) crût pouvoir les stigmatiser en deux vers qui eurent quelque vogue parce que le temps où il chantait *la gastronômie* était comme aujourd'hui, une époque de relâchement et de dépravations, et que le gouvernement d'alors corrompait aussi par son exemple et ses intrigues les mœurs des citoyens; mais, sans prédilection pour tel siècle ou telle date, sans préférence pour les lieux et les nations, je pense, comme la Boëtie, que les traits de vrai courage et de sublime dévouement ne sont possibles que chez les peuples libres.

Aussi, voulant opposer aux beaux faits de l'histoire grecque les exploits qui nous sont propres, je me suis borné à faire un choix parmi les traits d'héroïsme et de valeur de nos trop courtes annales républicaines. Non que je veuille nier que depuis, l'exemple même de ceux-là en ait engendré d'autres également célèbres, mais parce que, à mon avis, ces derniers diffèrent beaucoup de leurs aînés; car pour qu'un trait de courage excite vraiment l'admiration de la postérité ; il faut qu'il ait été inspiré par le pur amour du bien et non par cette vaine gloriole qui, de nos jours, est le seul véhicule des actions courageuses. Sous ce point de vue, la création de tout ordre de chevalerie, de toute distinction qui flatte la vanité des hommes est, selon moi, *l'étouffoir* de la vraie gloire. Une décoration, une pension, une faveur, un titre, une dignité quelconque *ne sont* que le prix de la servilité pour le tyran qui les distribue , et non la récompense du dévouement au bien être de l'humanité. Ceux qui les obtiennent sont payés en la monnaie qu'ils méritent. Elle est déjà bien usée et elle s'usera, je l'espère, tous les jours davantage. A ces êtres, ainsi *payés de leurs services* la postérité ne doit plus rien.

Voilà pourquoi, encore un coup, je me suis abstenu de fouiller, pour les extraits qui vont suivre, autre part que dans ces quelques pages de l'histoire de notre république, et si, parmi ceux que je citerai comme s'étant rendus dignes d'admiration, il se trouve quelques personnages que les croix, cordons, titres, ou dignités ont salis depuis, les faits pour lesquels je les mentionnerai appartiendront toujours au temps où ils ne s'étaient pas encore abaissés à les accepter. Aussi, ne prendrai-je pas mes exemples de courage et de dévouement dans ces combats livrés pour satisfaire la convoitise d'un tyran, apaiser sa soif ambitieuse, venger ses injures personnelles, placer ses frères ou ses parents sur des trônes et leur *assujétir* les esclaves d'un autre tyran chassé par eux ou par lui; encore moins dans ceux livrés, pour châtier comme on dit aujourd'hui, des révoltés, des anarchistes, sabrer ou mitrailler des concitoyens, réprimer des insurrections populaires, étouffer les révolutions; mais bien dans ces mille et un combats où il s'agissait de repousser l'agression et l'insolence de vingt rois qui animèrent leurs peuples contre nous et notre sainte insurrection, de briser cette infâme coalition formée d'après les conseils * et à l'instigation des traîtres à

---

* L'appel fait aux ennemis de la patrie pour venir la saccager et lui imposer des lois est, selon moi, le crime le plus odieux dont un homme puisse se rendre coupable. Combien de français, indignes de ce nom, l'ont commis depuis 1791 jusqu'en 1815 !! Mais parmi ces traîtres, il en est qui méritent encore plus l'animadversion de leurs contemporains et l'opprobre des races futures. Je veux parler de ceux qui, par leurs écrits publiés à l'étranger, ont excité sa colère, conseillé l'agression, provoqué l'invasion, dirigé, pour ainsi dire, l'attaque contre leur pays. Au premier rang de ces derniers il faut placer un misérable calotin, revêtu de la pourpre épiscopale, qui, dans un ouvrage publié en 1798 et intitulé : *Antidote au congrès de Rastadt*, a donné aux puissances étrangères le plan de la sainte-alliance. Cet ouvrage est le plus impudent outrage fait aux droits des nations et le véritable code de la tyrannie. Et cependant l'on a osé, sous la restauration, faire une réputation de libéralisme à ce digne acolyte du traître en permanence Talleyrand-Périgord, qui, comme lui, apostasiant toutes les croyances et tous les régimes a tour-à-tour adulé et insulté Bonaparte en l'appelant tantôt : *De dieu Mars*, et tantôt : *Jupiter-Scapin*, attaquant les Bourbons aînés que son système d'invasion nous avait ramenés, salissant Bolivar par ses éloges largement payés et flagornant aujourd'hui la nouvelle idôle pour la trahir sans doute plus tard. Connait-on enfin ce Caméléon qui écrivait en 1798 : « Gloire vous soit rendue, « braves et constants Allemands ! vous avez fait quel- « que chose de plus que de vaincre nos ennemis (les « français), car vous avez vaincu le malheur même. » Cette phrase recèle en elle seule toute l'infâme trahison de 1814 complotée et consommée par les cinq ex-calotins Talleyrand, de Pradt, Montesquiou, Louis et le duc d'Albert (ancien chanoine du chapitre de Mayence).

la patrie, qui, en la désertant, avaient été mendier contre elle l'appui de l'étranger.

Dans cette vaste collection, je n'ai eu que l'embarras du choix. J'ai dû me restreindre à quelques-uns. Je me borne aux citations suivantes :

« Joseph Barra, né à Palaiseaux, près Paris, n'avait que treize ans lorsqu'il entra dans les troupes républicaines. Il servait dans la guerre de la Vendée où il se fit remarquer par des prodiges de valeur au-dessus de son âge. Comme son courage l'emportait toujours en avant de ses camarades, il se trouva un jour cerné par les Vendéens qui voulurent lui faire crier *vive le roi*, le menaçant de la mort s'il s'y refusait; le jeune soldat, imbu de ces grands principes qui seuls créent les héros poussa aussitôt le cri de : *Vive la République*, et il tomba sous vingt coups de bayonnettes. Il nourrissait sa mère avec sa paie qu'il lui envoyait régulièrement. La convention nationale lui décerna les honneurs du Panthéon et décréta en même temps qu'une gravure représentant le jeune héros serait envoyée à toutes les écoles primaires pour propager parmi la jeunesse française ce triple exemple de courage militaire, de vertu civique et de piété filiale. »

« Andoche Junot, né à Bussy-les-Forges, était fourrier dans les grenadiers de la Côte d'Or et se trouvait en cette qualité au siége de Toulon. Bonaparte qui dirigeait ce siège avait besoin d'un secrétaire; on lui envoya le jeune Junot. Un jour qu'ils étaient ensemble sur le terrain et que Bonaparte lui dictait une dépêche, une bombe éclata à côté de Junot et le couvrit de terre; il secoua la poussière de dessus le papier et se tournant vers le commandant d'artillerie Bonaparte, il lui dit d'un ton très-calme : *Cette bombe est venue fort à propos, j'avais besoin de poudre pour sécher mon écriture.* »

Ce trait, assure-t-on, fit la fortune de Junot auprès de Bonaparte. Celui-ci devenu successivement général, consul et empereur; Junot devint lui-même général, maréchal d'Empire et duc d'Abrantès : mais ce seul fait ne l'honore-t-il pas plus que toute la pompe de ces vains titres?

« Dans la Vendée, à l'affaire de Torfou, le 29 sept. 1793, le général Kléber n'avait à opposer que quatre mille hommes et six pièces de canons à vingt mille Vendéens; il ne dut le salut de l'armée républicaine qu'au sublime dévouement du capitaine Schwardin qu'il aimait et estimait : *Prends*, lui dit-il, *une compagnie de grenadiers, et arrête l'ennemi devant ce ravin ; tu te feras tuer, mais tu sauveras tes camarades : oui, mon général*, répond l'officier avec une obéissance héroïque.... Le capitaine Schwardin et ses braves grenadiers périrent tous à leur poste et l'armée fut sauvée. »

Je le demande : quoi de supérieur à ce trait dans le dévouement de Léonidas et de ses trois cents Spartiates ?

« En 1794 Villaret-Joyeuse commandait notre flotte réunie à Brest et composée de 26 vaisseaux. Un convoi de grains nousarrivait des États-Unis. L'amiral fut chargé, par le gouvernement, d'aller à sa rencontre et d'en assurer le passage en évitant tout engagement qui pourrait le détourner de ce but ; cependant ayant rencontré la flotte anglaise le 29 mai, les français se formèrent en ligne de bataille; l'amiral Howe, qui du reste imita cette manœuvre, avait trente vaisseaux, ce qui lui permit d'en détacher cinq pour inquiéter l'arrière garde française. La journée était avancée; le lendemain on changea de position de part et d'autre et l'engagement fut très vif entre les deux avant-gardes. Voyant que les français avaient la supériorité du feu, Howe se porta sur leur arrière-garde, mais il n'y fut pas moins rudement accueilli. Un moment après deux bâtiments de l'escadre française étaient désemparés ; les anglais, voulant s'en saisir, s'avancèrent dans un désordre, dont Villaret sût profiter avec autant d'adresse que de promptitude. Les bâtiments français furent dégagés et les anglais réduits à se retirer en toute hâte. A sept heures du soir, une brume épaisse acheva de séparer les deux armées. Elle dura le 30 et le 31, mais le 1er juin ou se trouva encore en présence, et le

nouveau combat qui s'engagea ne fut pas aussi heureux. Une fausse manœuvre du bâtiment qui devait
soutenir le vaisseau amiral permit au commandant anglais de l'entourer avec cinq vaisseaux, dont deux à
trois ponts. La résistance fut prodigieuse et même effi-
cace; mais pendant long-temps Villaret n'avait
transmettre ses ordres et quand le nuage de fumée
s'éloigna, il vit que l'avant-garde avait pliée, que la
confusion était générale, et que le Vengeur avait coulé
bas. »

« Villaret ne songea plus alors qu'à rallier la flotte
et à opérer sa retraite qui s'exécuta avec ordre sans
que les anglais l'inquiétassent, tant ils étaient harassés eux-mêmes de cette terrible lutte. Le convoi de
grains arriva à Brest; Villaret n'y put ramener que 19
vaisseaux la plupart très-endommagés. »

Tous ceux qui manquèrent n'étaient pas tombés au
pouvoir de l'ennemi. nous l'avons déjà dit: *le Vengeur*
*était englouti;* mais ce qu'on ne pourrait trop redire,
c'est la manière héroïque dont il périt. En voici le
simple récit tracé par un officier anglais témoin et
acteur lui-même dans ce drame sublime :

« Vous savez sans doute, écrivait-il, que la flotte
« française en est venue aux mains avec celle du lord
« Howe. L'action a été une des plus chaudes qu'on ait
« vues jusqu'ici sur mer. Les français se sont battus
« en désespérés et avec un courage sur-humain. Un de
« leurs vaisseaux (le Vengeur) étant désemparé au
« milieu de notre escadre, fut cerné de tous côtés par
« nos vaisseaux. Nous espérions nous en rendre maî-
« tres; mais il se défendit à outrance et avec une in-
« trépidité vraiment héroïque. Enfin, sur le point
« même de couler, et au moment où ses derniers ca-
« nons étaient à fleur d'eau, il déchargea sa bordée
« sur nous; les matelots attachèrent ensuite leur pa-
« villon au vaisseau afin qu'il ne pût, en surnageant,
« tomber dans nos mains; tous les hommes qui com-
« posaient l'équipage se groupèrent alors sur le pont
« et le tillac; ils se virent et se laissèrent engloutir
« sous les ondes en poussant tous ensemble leur cri

« chéri de *vive la république!* C'était horriblement
« admirable. L'histoire n'offre point de trait de bra-
« voure et de dévouement semblable à celui-là. »

Qu'ajouter à cet hommage rendu par l'ennemi vain-
queur? Rien, si ce n'est, comme le dit ce bon Montaigne : qu'*il y a des pertes triomphantes à l'envi des
victoires, et que ces quatre victoires-sœurs de Salamine,
de Platée, de Mycale, de Sicile, n'osèrent opposer toute
leur gloire ensemble à la gloire de la déconfiture du roi
Léonidas et des siens au pas des Thermopyles.*

Oui, cette fin tragique du Vengeur sera à jamais
mémorable. Aucun fait antique ne lui est supérieur.
Le dévouement même de ce soldat de Miltiades, de
ce Cynégire qui courait dans la mer après les navires
des Perses, déjà en déroute et en fuite, et qui les sai-
sissait avec les dents à défaut de ses deux bras coupés
dans cette audacieuse entreprise, ne peut être com-
paré à celui des marins de l'équipage du Vengeur
dont le sublime *concert de mort* surpasse encore de
beaucoup l'admirable recueillement des trois cents
Spartiates aux Thermopyles. Mais pourquoi ignorons-
nous les noms de tous ces héros? Pourquoi ne se trou-
vent-ils pas gravés en lettres d'or dans chacun de nos
ports de mer? Pourquoi rien ne retrace à nos yeux
ce grand élan de patriotisme?..... Nos poètes Lebrun
et M. J. Chénier l'ont chanté, l'un dans une ode et
l'autre dans une belle strophe; mais la poésie, si
souvent hyperbolique pour exalter les puissants, se
trouve, pour ainsi dire, insuffisante pour célébrer
d'aussi glorieuses actions. Nos peintres n'ont osé aborder ce sujet. M. Schœffer a bien essayé de dessiner
dans un croquis, un petit lambeau de cette grande et
imposante scène, mais ce qu'il a fait est moins que
rien. Géricault seul aurait pu s'en charger, et certes,
s'il s'en fut occupé, son naufrage de la Méduse, qu'à si
juste titre l'on admire, aurait pâli devant cette toile
telle que j'en conçois la magique composition.

Mais à défaut d'ouvrages d'art, quel monument
a-t-on érigé pour immortaliser ces divins courages?
Aucun. Ah! si la mer pouvait nous rendre un jour ce

12

*cadavre fumant du Vengeur* [*] qui leur servit à tous
de cercueil, il faudrait le hisser sur l'une de nos
places comme le plus honorable de nos trophées.
Depuis l'époque de ce funeste, mais glorieux combat, la France n'aurait dû avoir d'autres armes que
ce vaisseau, *le Vengeur.* On ne sentit donc pas alors
combien avait été hardie, élevée, divine l'inspira-
tion qu'eurent les apôtres de prendre, pour signe de
ralliement de leur croyance, l'instrument même du
supplice de notre rédempteur !!...

Ce fait d'armes n'est pas le seul qui ait illustré
notre marine républicaine. On en retrouvera d'autres
dans la biographie du contre-amiral Bompard, de
cet intrépide marin qui se retira du service dès le
consulat et qui depuis vit dans un paisible repos ;
mais qui certes peut se targuer, dans sa modeste retraite, d'avoir bien servi sa patrie, alors que nous
en avions vraiment une.

Combien de traits de bravoure, de dévouement
et de grandeur d'ame ne trouve-t-on pas dans cette
si courte et si admirable campagne d'Italie, qui ne
fut qu'une série non-interrompue de prodiges, où
chaque évolution fut un triomphe pour nos armes
républicaines, où chaque soldat fut un héros, où
quatre jours suffirent à cette incomparable armée
pour livrer vingt combats qui furent autant de victoires. Quelque soin qu'on mit à recueillir ses exploits,
on ne pourrait jamais les redire tous, tant le nombre
en est grand, tant la gloire en est immense. J'en citerai seulement quelques-uns relatifs aux individus
ou aux divers corps qui en fesaient partie :

« Dès que le général français Bonaparte eut signé,
à Plaisance, son traité avec le duc de Parme, il se
mit de nouveau à la poursuite du général autrichien

---

[*] Belle expression de Chénier dans son hymne pa-
triotique intitulée : *Chant des victoires.*

Beaulieu dont il atteignit la dernière division le 10 mai 1796, en avant de Lodi. Après une vive canonnade et une résistance assez prolongée, le colonel Melcalm, gendre du feld-maréchal, qui commandait cette arrière-garde, sentant l'impossibilité de résister aux républicains, se retira en désordre dans Lodi, et, espérant s'y maintenir, il en fit fermer les portes. Mais cinq grenadiers de la 32e demi-brigade grimpent sur la muraille, en s'entr'aidant l'un l'autre, sautent dans la ville où les hulans autrichiens étaient encore et en font ouvrir les portes. Leurs camarades s'y précipitent en foule et la ville est à nous. »

Comment se fait-il que l'histoire n'ait pas consacré les noms de ces cinq grenadiers ? Quant au corps auquel ils appartenaient, son illustration passera à la postérité. C'est à lui que, peu de jours après, Bonaparte dût sa victoire de Lonato. C'est de lui qu'il disait, dans son rapport au directoire sur ce combat : *J'étais tranquille la brave 32e demi-brigade était là.* Cette phrase fut inscrite sur les drapeaux de ce corps. Son chef, l'intrépide Dupuy, refusa plusieurs fois le grade de général pour ne pas quitter le commandement de ces braves, qui presque tous périrent avec lui dans la fatale expédition d'Égypte. On assure qu'il n'en revint que sept *.

Alexis, grenadier français à l'armée d'observation, pendant le blocus de Gênes, en l'an 8, poursuivant l'ennemi dans les montagnes, fit un faux pas et roula au pied d'un ravin. Là, il se trouve au milieu d'une compagnie de Croates armés de carabines à deux,

---

* Si un jour les Français qui ont servi sous Bonaparte disent avec un juste sentiment d'orgueil : J'ÉTAIS DE L'ARMÉE D'ITALIE ! peut-être y aurait-il aussi quelque honneur de pouvoir ajouter : J'ÉTAIS DE LA TRENTE DEUXIÈME ! (Extraits de l'histoire militaire des Français. — Campagnes d'Italie, par X. B. Saintine.)

coups. Alexis, sans être effrayé, se relève et dit à
l'officier : « Rendez-vous, monsieur, vous êtes entouré. » L'officier, étourdi par cette menace et par
l'air intrépide de celui qui la fesait, se rendit, et l'on
vit, non sans étonnement, un seul grenadier français faire prisonniers 60 Croates et les conduire au
camp. (*Dictionnaire de l'Histoire de France*, par
S*t*-Edme, t. 2, p. 99.)

« Le 29 juillet 1796, la colonne du général Quasda-
nowich, forte de dix-huit mille combattants, parut
aux approches de Salo, où le général Sauret n'avait
pas quatre mille hommes à leur opposer............
Les Français battirent en retraite sur Salo qu'ils
avaient l'espoir de défendre, mais l'ennemi s'en était
déjà emparé. Il fallut, les armes à la main, s'ouvrir
un passage à travers la ville et se porter rapidement
jusqu'à Dezenzano.

« Ce fut alors qu'un coup d'audace pareil à celui
qu'avait tenté Charles XII à Bender étonna les deux
armées :

« Quatre cents hommes de la 27e demi-brigade d'in-
fanterie légère, commandés par le chef de bataillon
Zineti, furent coupés dans leur retraite en avant de
Salo et tentèrent en vain de se faire jour afin de
suivre le mouvement de leur division. Cernés de tous
côtés, accablés par une force imposante, ils inter-
rompent soudain leur marche et se jettent dans un
vieux château presqu'en ruine, appelé *Martininque*.
Ils s'y retranchent. Zineti était tombé entre les mains
des Autrichiens ; le chef de bataillon Bérard le rem-
place. Sans munitions de bouche, et presque sans
munitions de guerre, la petite troupe repousse les
assauts réitérés d'un ennemi dont le nombre seul
semble accuser sa résistance de délire. Deux jours
entiers cette poignée de héros privée de sommeil et
de nourriture, résiste aux efforts des impériaux,
aux séductions de leurs parlementaires, se maintient
dans son poste et ne cesse de combattre que lorsque
la bonne fortune est revenue. »

Le général Guyeux laissé par Sauret dans une fer-

teresse avec quinze cents hommes, s'y défendit avec
la même intrépidité et le même succès *.

Dans la nuit du 30 au 31 juillet, Sauret, renforcé
par des troupes du blocus reçoit l'ordre de reconquérir Salo et de délivrer Guyeux et Bérard. Au le-
ver de l'aurore, il paraît devant les portes de la ville.
Trois fois repoussé par la mitraille qui balaie la rue
principale, il est contraint de se replier. Le chef de
brigade Dessaix ** harangue sa troupe, la ranime,

---

* Les historiens militaires qui ont eu à retracer
les événements de cette époque, répètent tous,
sans exception, une première version inexacte sur ce
double fait. Confondant ces deux épisodes, ils n'en
font honneur qu'au général Guyeux seul, et l'action
héroïque de Zaneti et Bérard est passée sous silence.
Les documents que nous avons sous les yeux, le rapport même de la 27° demi-brigade (a) rédigé par les
membres composant son conseil d'administration ne
permettent pas de douter de l'exactitude de ce que
nous rapportons ( Extraits de l'Histoire militaire des
Français, campagne d'Italie, par X. B. Saintine ).

* Ce Dessaix, l'un des plus estimables de nos guerriers, vient de mourir dernièrement dans la retraite
aux environs de Thonon, sa patrie. Aussi bon législateur que vaillant militaire, il fit partie du conseil
des 500 et fut l'un des plus forts opposants au 18 bru-
maire. En lui se trouvaient réunis la vertu de Caton,
le désintéressement de Fabricius et l'intrépidité de
Pélopidas. Je fus jadis fier de son amitié; le souvenir
m'en est encore bien cher, mais il n'influe en rien
sur le jugement que je porte de lui.

(a) C'est dans ce même corps que servit plus tard,
en qualité de quartier-maître, ce même Manuel, qui
depuis s'illustra à la tribune, dont l'éloquence fit plusieurs fois pâlir nos tyrans d'alors et que leur rage ex-

fait battre la charge , et, quoique blessé, se mettant à la tête des siens , s'ouvre bientôt une route jusqu'au milieu de Salo. De nouveau blessé à l'épaule, il ne cesse de combattre qu'après avoir vu les Autrichiens fuir en désordre. Sauret s'était dirigé vers la forteresse que défendait Guyeux : il le débloqua ainsi que le brave Bérard et les quatre cents héros.

« Bonaparte voulant éprouver le moral de son armée qui lui paraissait s'être affaibli ; assemble autour de lui quelques généraux et leur fait part d'un prétendu projet de retraite...... Etonné , effrayé d'une semblable confidence, Augereau repousse toute idée de retraite. Par les discours les plus véhéments , il cherche à faire revenir Bonaparte d'un pareil projet. Il lui répond de ses troupes, il lui répond du reste de l'armée et jure la victoire. »

« Déjà la nouvelle de la retraite se répand parmi les troupes composant la division , et descend , de grade en grade, des généraux aux soldats. Les officiers accourent auprès de Bonaparte : « Général , lui di« sent-ils, vous méfiez-vous de nous et de vous-même? « —Savez-vous, mes amis, que vous avez devant « vous vingt-cinq mille hommes des vieilles bandes « autrichiennes commandés par Wurmser? — Nous « les compterons plus tard ; venez au milieu de nous, « s'écrient-ils tous à la fois , venez juger par vous« même de l'esprit qui anime nos braves frères d'ar« mes. Ils n'ont démérité ni de vous, ni de la patrie.» Ranimé par ces nobles protestations, Bonaparte se rend au camp où les soldats, d'après les ordres d'Augereau sont rangés en bataille...... A peine Bonaparte paraît devant eux, que l'étincelle électrique s'est communiquée de rang en rang, aussi rapide que la pensée. Nul ne peut garder cette froide attitude que

_____

pulsa de la chambre des députés. Ce fait m'est personnellement connu, car j'ai eu moi-même un peu plus tard l'honneur de servir dans ce même corps.

la discipline exige du soldat dans de semblables occasions. Un vif mouvement d'agitation ébranle toutes ces masses.......... En un instant, l'orage s'annonce, le tumulte redouble, mille cris éclatent à la fois sur toute la ligne, une foule de soldats s'élancent hors des rangs à demi-rompus et apostrophent hautement le général en chef avec tous les signes extérieurs d'une profonde émotion..... Mais cette fois ce n'était pas du pain qu'ils lui demandaient, comme après la bataille de Montenotte, au devant de Dego; ils lui demandaient des combats et de la gloire. *En avant ! Pas de retraite ! Vive la république !* Voilà les acclamations qui se fesaient entendre de tous côtés. »

« L'esprit de Bonaparte avait repris toute sa sécurité; ses doutes avaient cessé, il partageait alors toute la confiance de ses soldats. Il fit un signe de la main, réclama le silence et ne leur dit que ces mots : « *Demain vous verrez la face de l'ennemi......* » Et le lendemain, 3 août, tout s'ébranla à la fois...... »

Voyons quels furent les effets de ce bouillant enthousiasme à la mémorable bataille de Castiglione :

« De la hauteur sur laquelle s'appuyait son centre, promenant son coup-d'œil d'aigle sur les manœuvres de Wurmser et de Fiorella, Bonaparte épiait l'instant d'agir. Il le voit! Augereau et Massena se précipitent sur l'ennemi, déjà décontenancé du changement d'attitude qu'il devait prendre. Dans cette attaque impétueuse, il semble que les soldats venus des Pyrénées, les compagnons de Dugommier et de Pérignon ont résolu d'établir une lutte entr'eux et les anciens combattants des Alpes. Augereau, toujours à la tête des premiers, s'y surpassa par des actes inouis de valeur et de sang-froid. Massena, dans cette journée, se montra digne de lui-même, toujours Massena, dans les succès comme dans les revers, à la Corona, comme à Loano, toujours le bras droit, le porte-glaive de l'armée d'Italie, partout *l'enfant gâté de la victoire.* »

« Français et Autrichiens, vainqueurs et vaincus,

tous étaient tellement harassés par les marches et les contre-marches, par le manque d'eau et de nourriture, par les combats multipliés qu'ils avaient livrés, ou soutenus, par l'influence d'un ciel dévorant, qu'il fallait aux uns rassembler toutes leurs forces pour fuir, aux autres pour se traîner à leur poursuite.

« Les chemins étaient encombrés de soldats Allemands qui ne pouvant plus avancer, jetaient leurs armes et poussaient des cris terribles à l'approche des Français. Plusieurs d'entr'eux qu'avaient épargnés le plomb et le fer des Républicains furent ramassés sur les routes, succombant à la fatigue. Les chevaux mêmes, ployant sous le poids de leurs cavaliers, tombaient sans blessures.

« Encore à la tête d'une armée puissante par le nombre, mais disséminée et découragée, Wurmser ne songea plus qu'à regagner le Tyrol.

« En cinq jours de temps les Français venaient de reconquérir l'Italie *. »

Terminons cette interminable série de prodiges par un fait qui couronne dignement les fastes glorieux de nos armées républicaines. Il appartient à ce même Massena que nous venons de voir si beau, si grand, si sublime sur le champ de bataille. Voyons-le maintenant dans la détresse. Voyons-le, quelques années plus tard, renfermé dans la ville de Gênes. Il en soutient le siège avec une fermeté, une constance, une opiniâtreté admirables. Réduit à la plus affreuse disette, manquant de tout, privé de tout secours, entouré de forces imposantes............. il capi-

---

* Extrait encore des campagnes d'Italie, par X. B. Saintine. Plusieurs de mes citations ont été puisées dans cet auteur qui, on le sent en le lisant, a l'âme belle et le cœur chaud. Il est fâcheux qu'il n'ait pas traité ce vaste sujet en grand et plus fâcheux encore que ses collaborateurs, dans ce travail collectif, n'aient été inspiré, comme lui, par le feu sacré.

tule enfin, mais comment? Qu'on lise cet acte, monument impérissable de la dignité nationale : « Je
« vous ouvre les portes de Gênes, dit-il à l'ennemi;
« la garnison française défilera devant vous avec
« armes et bagages et dès que vous aurez occupé la
« ville et pris ma place, je prendrai la vôtre, si cela
« me convient, et d'assiégé je deviendrai assiégeant ».
Telles sont les conditions qu'il dicte lui-même à l'ennemi. Cette fierté est bien digne d'un général républicain. La cession qu'il fait, vaut certes mieux qu'une
prise d'assaut.

Je n'en finirais plus, s'il me fallait indiquer seulement les traits de bravoure et d'héroïsme qui, durant la courte époque de notre république, ont égalé,
si non surpassé, les exploits des Grecs et des Romains.
Nos guerriers n'ont certes rien à envier aux leurs. Et,
pour ne parler que des plus purs, il suffira pour s'en
convaincre de lire seulement les biographies de Mar-
ceau, de Hoche, de Kléber et surtout celle de ce brave
Latour-d'Auvergne, si bien surnommé le premier grenadier de la république, de ce héros que nous pour-
rions opposer et comparer par toutes ses vertus à cet
illustre Epaminondas qui, à mon avis, fut en effet le
plus grand homme de la Grèce et même de toute l'antiquité.

# La vraie ou fausse grandeur.

———⚬⚬⚬⚬———

*Grand-homme!* Il n'est pas d'épithète dont on ait plus abusé. C'est surtout aux rois qu'on l'a prodiguée. Mais, rois ou non, Voltaire ou Louis XIV, tous ceux auxquels on l'a déférée de leur vivant, n'étaient, pour la plupart, que de grands misérables. L'audace seule avec laquelle ils acceptaient complaisamment ce titre aurait suffi pour les en rendre indignes; si, d'ailleurs, leur vie entière n'était pas là pour donner un démenti formel à ces diverses apothéoses de la plus basse adulation.

J'ai toujours pensé qu'un livre bien utile à l'humanité et qu'on pourrait intituler : *Jugement de la postérité*, serait celui, où, passant en revue tous les personnages qui ont figuré depuis les temps les plus reculés sur la grande scène du monde, on discuterait leur valeur, et on déciderait enfin quels sont ceux d'entre eux qui, seuls, méritèrent aux yeux de l'humanité le titre de *grand*. — Le nombre en serait bien petit, je crois; mais ceux qui pourraient y être proclamés comme tels, seraient les seuls qu'on devrait présenter comme exemples à suivre, aux races futures.

Pour faire ce livre en conscience, il faudrait, ce me semble, se bien fixer d'avance sur les immenses qualités qui doivent distinguer le vrai grand-homme; poser quelques axiomes inflexibles et sacrifier ensuite sans pitié, à ces principes, tous les hommes qui, par leur caractère, leur vertu, leur talent, leur génie, n'auraient pas, durant leur vie, rempli les conditions requises; par exemple: pour être vraiment,

*grand*, il faut être honnête homme, et quelque sur-
prenant que soit le courage, quelque vaste que soit
le génie, quelque éminents que soient les talents, la
porte du *temple de la grandeur* devrait se fermer im-
pitoyablement pour celui qui n'aurait pas été homme
probe, moral et vertueux. Pour cela, il faudrait se
bien pénétrer de la différence qui existe entre la vraie
et la fausse grandeur. Voyons ce qu'en disait l'un des
premiers flambeaux de la chaire chrétienne, célèbre
surtout par le courage avec lequel il a fait entendre
la voix de la vérité aux *faux grands-hommes* de son
temps. Nous trouvons dans Massillon :

« Que nous reste-t-il de ces grands noms qui ont
« autre fois joué un rôle si brillant dans l'Univers ? Ils
« ont paru un seul instant et disparu pour toujours
« aux yeux des hommes..... (Petit Carême, bénid. des
« drap. du rég. de Catinat, p. 281.) (ed. Ledentu,
1826.)

« Hélas! que sont les hommes sur la terre? des per-
« sonnages de théâtre : tout y roule sur le faux; ce
« n'est partout que représentations; et tout ce qu'on
« y voit de plus pompeux et de mieux établi n'est
« l'affaire que d'une scène! Qui ne le dit tous les
« jours dans le siècle? Une fatale révolution, une
« rapidité que rien n'arrête, entraîne tout dans les
« abîmes de l'éternité; les générations, les empires,
« tout va se perdre dans ce gouffre; tout y entre et
« rien n'en sort; nos ancêtres nous en ont frayé le
« chemin et nous allons le frayer dans un moment à
« ceux qui viennent après nous; ainsi les âges se re-
« nouvellent; ainsi la figure du monde change sans
« cesse; ainsi les morts et les vivants se succèdent et
« se remplacent continuellement; rien ne demeure;
« tout s'éteint !... (Idem, pages 281 et 282.)

« Et d'ailleurs cet instant même de bonheur est-il
« tranquille? Les soupçons, les jalousies, les craintes,
« les agitations éternelles et inévitables aux grands
« emplois, le sort journalier des armes, la faveur des
« concurrents et des intrigues, les caprices de ceux
« de qui on dépend, et tant de revers à essuyer; le vide

« même des prospérités temporelles, qui de loin
« piquent et attirent le cœur, mais qui, touchées de
« près, ne peuvent ni le fixer, ni le satisfaire ; est-il
« de félicité que tout cela ne trouble et n'altère ? Et
« ceux que vous regardez comme les heureux du siècle,
« sont-ils toujours tels à leurs propres yeux ?........
« (Idem, idem page 283 ).

« Lorsque le souverain médite des entreprises in-
« justes, l'artifice et la mauvaise foi deviennent
« comme inévitables à ses ministres, ou pour cacher
» ses mauvais desseins ou pour colorer ses injustices !!
« (Pet. Car. Écueils de la piété des grands, pag. 168.)

Commentant cette maxime remarquable sortie
d'une bouche royale :

« Les rois sont faits pour les peuples et non les peu-
« ples pour les rois !!.... * Massillon ajoutait : Mais
« ..... si, loin d'être les protecteurs de leur faiblesse,
« eux, leurs ministres et les grands n'en sont que les
« oppresseurs ; s'ils ne sont que comme des tuteurs

---

(*) Ces paroles sont en effet de Louis, dauphin de
France, plus connu sous le titre de duc de Bourgo-
gne. Il était petit-fils du fastueux Louis XIV ; mais il
fut aussi l'élève de Fénélon qui pour lui composa
son *Télémaque*. Que ne peut sur nous une bonne
éducation !! Ce prince qui, pour le malheur de la
France, mourut à l'âge de 29 ans, six mois et 10 jours,
avant qu'il pût occuper le trône, disait aussi : LES
SUJETS NE SONT ASSURÉS DU NÉCESSAIRE, QUE LORSQUE LES
PRINCES SE PRIVENT DU SUPERFLU. S'il fût né citoyen, instruit par ce prélat-philosophe, l'un et l'autre transportés à notre époque, ils auraient certainement dit
avec nous : « Les travailleurs ne seront assurés du
« nécessaire, que lorsque les oisifs seront dépouillés
« de leur superflu. » Cette variante n'eût été que
l'œuvre du temps et du progrès, et nos petits hommes
d'état d'aujourd'hui les eussent appelés jacobins et le
doctrinaire Guizot les eût classés dans le *caput-mor-
tuum* de la révolution.

« barbares qui dépouillent eux-mêmes leurs pupilles,
« grand Dieu ! les clameurs du pauvre et de l'opprimé
« monteront devant vous ; vous maudirez ces races
« cruelles ; vous lancerez vos foudres sur les géants ;
« vous renverserez tout cet édifice d'orgueil, d'injus-
« tice et de prospérité qui s'était élevé sur les débris
« de tant de malheureux, et leur prospérité sera en-
« sevelie sous les ruines.

« Aussi la prospérité des oppresseurs des peuples
« n'a jamais porté que la honte, l'ignominie et la
« malédiction à leurs descendants. On a vu sortir de
« *cette tige d'iniquité* des rejetons honteux qui ont été
« l'opprobre de leur nom et de leur siècle !! (Id. id.,
« Humanité des grands, page 103.)

« La gloire des conquêtes est toujours souillée de
« sang ; c'est le carnage et la mort qui nous y condui-
« sent, et il faut faire des malheureux pour se l'assu-
« rer ; l'appareil qui l'environne est toujours funeste
« et lugubre..... (Id. id., page 109.)

« La nature n'a-t-elle pas déjà imposé une assez
« grande peine aux peuples et aux malheureux de les
« avoir fait naître dans la dépendance et comme dans
« l'esclavage ? N'est-ce pas assez que le malheur de leur
« condition leur fasse un devoir et comme une loi
« de ramper et de rendre des hommages ? faut-il en-
« core leur aggraver le joug par le mépris et par une
« fierté qui en est si digne elle-même ? Ne suffit-il
« pas que leur dépendance soit une peine ? faut-il en-
« core les en faire rougir comme d'un crime ? Et si
« quelqu'un devait être honteux de son état, serait-
« ce *le pauvre* qui le souffre ou le grand et le riche
« qui en abusent ?..... (Id. id., page 99.)

« Et d'où vient cette licence effrénée qui règne parmi
« les peuples, si ce n'est de vous grands et riches ?
« Ceux qui vivent loin de vous, dans les provinces
« les plus reculées, conservent encore quelque reste
« de simplicité et de la première innocence ; ils vivent
« dans une heureuse ignorance de la plupart des abus
« dont votre exemple a fait des lois. Mais plus les
« pays se rapprochent de vous, plus les mœurs chan-

13

« gent, plus l'innocence s'altère, plus les abus sont
« communs; et le plus grand crime des peuples, c'est
« la science de vos mœurs et de vos usages..... Grand
« Dieu, que le compte des riches et des puissants sera
« un jour terrible, puisque outre leurs passions infi-
« nies, ils se trouveront encore coupables devant
« vous des désordres publics, de la dépravation des
« mœurs, de la corruption de leur siècle, et que les
« péchés des peuples deviendront leurs crimes pro-
« pres !......................................................................

.... « Combien d'infortunés périssent pour servir à
« vos plaisirs et à vos passions injustes !! (Idem., Vices
« et vertus des grands, pages 236 et 238.)

« Les grands veulent être applaudis; et comme l'i-
« mitation est de tous les applaudissements le plus flat-
« teur et le moins équivoque, on est sûr de leur
« plaire dès qu'on s'étudie à leur ressembler : ils sont
« ravis de trouver, dans leurs imitateurs, l'apologie
« de leurs vices, et ils cherchent avec complaisance,
« dans tout ce qui les environne, de quoi se rassurer
« contre eux-mêmes..............................................

.... » Leur exemple corrompt tous ceux que leur
« autorité leur soumet; ils répandent leurs mœurs
« en distribuant leurs grâces....................................

... » Les imitateurs des passions des grands insultent
« à leurs vices en les imitant. Quel malheur quand un
« souverain, peu content de se livrer au désordre,
« semble le consacrer par les grâces dont il l'honore
« dans ceux qui en sont les imitateurs ou les honteux
« ministres!— Quel opprobre pour un empire! Quelle
« indécence pour la majesté d'un gouvernement! Quel
« découragement pour une nation et pour les sujets
« habiles et vertueux, à qui le vice enlève les grâces
« destinées à leurs talents et à leurs services! Quel décri
« et quel avilissement pour le prince dans l'opinion
« des cours étrangères? Et de-là quel déluge de maux
« dans le peuple! Les places occupées par des hommes
« corrompus; les passions, toujours punies par le mé-
« pris, devenues la voie des honneurs et de la gloire;
« l'autorité, établie pour maintenir l'ordre et la pu-
« deur des lois, méritée par les excès qui les violent;

« les mœurs corrompues dans leur source; les astres
« qui devaient marquer nos routes, changés en des
« feux errants qui nous égarent; les bienséances même
« publiques, dont le vice est toujours jaloux, ren-
« voyées, comme des usages surannés, à l'antique
« gravité de nos pères; le désordre, débarrassé de la
« gêne même des ménagements; la modération dans
« le vice devenu presque aussi ridicule que la vertu !!.

.... « Si un amour outré de la gloire les enivre,
« tout leur souffle la désolation et la guerre; et alors,
« que de peuples sacrifiés à l'idole de leur orgueil !
« Que de sang répandu qui crie vengeance contre
« leur tête ! Que de calamités publiques dont ils sont
« les seuls auteurs ! Que de voix plaintives s'élèvent
« au ciel contre des hommes nés pour le malheur
« des autres hommes ! Que de crimes naissent d'un
« seul crime ! Leurs larmes pourraient-elles laver les
« campagnes teintes du sang de tant d'innocents ?
« et leur repentir tout seul peut-il désarmer la colère
« du ciel, tandis qu'il laisse encore après lui tant de
« troubles et de malheurs sur la terre ? ( Idem.
Exemple des grands, pag. 8, 9, 10. 11 et 12. )

« Quel fléau pour les grands, que ces hommes nés
« pour applaudir à leurs passions, ou pour dresser
« des pièges à leur innocence ! Quel malheur pour
« les peuples, quand les princes et les puissants se
« livrent à ces ennemis de leur gloire parce qu'ils le
« sont de la sagesse et de la vérité ! Les fléaux des
« guerres et des stérilités sont des fléaux passagers,
« et des temps plus heureux ramènent bientôt la paix
« et l'abondance : les peuples en sont affligés, mais
« la sagesse du gouvernement leur laisse espérer des
« ressources. Le fléau de l'adulation ne permet plus
« d'en attendre ; c'est une calamité pour l'état, qui
« en promet toujours de nouvelles : l'oppression des
« peuples déguisée au souverain ne leur annonce que
« des charges plus onéreuses; les gémissements les
« plus touchants que forme la misère publique pas-
« sent bientôt pour des murmures; les remontrances
« les plus justes et les plus respectueuses, l'adulation
« les travestit en une témérité punissable ; et l'im-

« possibilité d'obéir n'a plus d'autre nom que la ré-
« bellion et la mauvaise volonté!!...

.......  « Gâtés par les louanges , on n'oserait plus
« leur parler le langage de la vérité ; eux seuls igno-
« rent dans leur état ce qu'eux seuls devraient con-
« naître; ils envoient des ministres pour être informés
« de ce qui se passe de plus secret dans les cours et
« dans les royaumes les plus éloignés , et personne
« n'oserait leur apprendre ce qui se passe dans leur
« royaume propre ; les discours flatteurs assiégent
« leur trône, s'emparent de toutes les avenues et ne
« laissent plus d'accès à la vérité. Ainsi , le souverain
« est seul étranger au milieu de ses peuples; il croit
« manier les ressorts les plus secrets de l'empire et il
« en ignore les événements les plus publics : on lui
« cache ses pertes , on lui grossit ses avantages , on
« lui diminue les misères publiques; on le joue à
« force de le respecter : il ne voit plus rien tel qu'il
« est ; tout lui paraît tel qu'il le souhaite......... »

. « Mais l'ambition , ce désir insatiable de s'élever
« au-dessus et sur les ruines même des autres; ce ver
« qui pique le cœur et ne le laisse jamais tranquille;
« cette passion qui est le grand ressort des intrigues
« et de toutes les agitations des cours, qui forme les
« révolutions des états et qui donne tous les jours
« à l'univers de nouveaux spectacles; cette passion ,
« qui ose tout, et à laquelle rien ne coûte, est un
« vice encore plus pernicieux aux empires que la pa-
« resse même.

« Déjà il rend malheureux celui qui en est possédé :
« l'ambitieux ne jouit de rien ; ni de sa gloire, il la
« trouve obscure; ni de ses places, il veut monter
« plus haut; ni de sa prospérité, il sèche et dsperit
« au milieu de son abondance ; ni des hommages
« qu'on lui rend , ils sont empoisonnés par ceux qu'il
« est obligé de rendre lui-même; ni de sa faveur,
« elle devient amère dès qu'il faut la partager avec
« les concurrents; ni de son repos, il est malheureux
« à mesure qu'il est obligé d'être plus tranquille.... »

« L'ambition le rend donc malheureux; mais de

« plus elle l'avilit et le dégrade. Que de bassesses
« pour parvenir ! Il faut paraître, non pas tel qu'on
« est, mais tel qu'on nous souhaite ! Bassesse d'adu-
« lation ; on encense et on adore l'idole que l'on
« méprise ; bassesse de lâcheté ; il faut savoir essuyer
« des dégoûts, dévorer des rebuts et les recevoir
« presque comme des grâces ; bassesse de dissimula-
« tion ; point de sentiments à soi et ne penser que
« d'après les autres ; bassesse de déréglement ; de-
« venir les complices et peut-être les ministres des
« passions de ceux de qui nous dépendons, et entrer
« en part de leurs désordres, pour participer plus
« sûrement à leurs grâces ; enfin bassesse même
« d'hypocrisie ; emprunter quelquefois les apparences
« de la piété, jouer l'homme de bien pour parvenir
« et faire servir à l'ambition la religion même qui la
« condamne. Ce n'est point là une peinture imaginée,
« ce sont les mœurs des cours et l'histoire de la plu-
« part de ceux qui y vivent............... »

« On reproche toujours vos bassesses à votre éléva-
« tion, vos places rappellent sans cesse les avilisse-
« ments qui les ont méritées, et les titres de vos hon-
« neurs et de vos dignités deviennent eux-mêmes les
« traits publics de votre ignominie.............. »

« Telle est l'ambition dans la plupart des hommes,
« inquiète, honteuse, injuste. Mais si ce poison gagne
« et infecte le cœur du prince, si le souverain,
« oubliant qu'il est le protecteur de la tranquillité
« publique, préfère sa propre gloire à l'amour et au
« salut de ses peuples ; s'il aime mieux conquérir des
« provinces que régner sur les cœurs ; s'il lui paraît
« plus glorieux d'être le destructeur de ses voisins
« que le père de son peuple ; si le deuil et la déso-
« lation de ses sujets est le seul chant de joie qui
« accompagne ses victoires ; s'il fait servir à lui seul
« une puissance qui ne lui est donnée que pour ren-
« dre heureux ceux qu'il gouverne ; en un mot, s'il
« n'est roi que pour le malheur des hommes et que,
« comme ce roi de Babylone, il ne veuille élever la
« statue impie, l'idole de sa grandeur, que sur les

**13.**

« farmes et les débris des peuples et des nations :
« grand Dieu ! quel fléau pour la terre ! quel présent
« faites vous aux hommes dans votre colère, en leur
« donnant un tel maître !

« Sa gloire sera toujours souillée de sang : quelque
« insensé chantera peut-être ses victoires; mais les
« provinces, les villes, les campagnes en pleureront;
« on lui dressera des monuments superbes pour im-
« mortaliser ses conquêtes; mais les cendres encore
« fumantes de tant de villes autrefois florissantes,
« mais la désolation de tant de campagnes dépouil-
« lées de leur ancienne beauté, mais les ruines de
« tant de murs sous lesquels des citoyens paisibles
« ont été ensevelis, mais tant de calamités qui sub-
« sisteront après lui, seront des monuments lugubres
« qui immortaliseront sa vanité et sa folie. Il aura
« passé comme un torrent pour ravager la terre, et
« non comme un fleuve majestueux pour y porter la
« joie et l'abondance : son nom sera écrit dans les
« annales de la postérité parmi les conquérants, mais
« il ne le sera pas parmi les bons rois; et l'on ne rap-
« pellera l'histoire de son règne que pour rappeler le
« souvenir des maux qu'il a fait aux hommes. —Ainsi
« son orgueil, dit l'esprit de Dieu, sera monté jus-
« qu'au ciel, sa tête aura touché dans les nuées, ses
« succès auront égalé ses désirs, et tout cet amas de
« gloire ne sera plus à la fin qu'un monceau de boue
« qui ne laissera après elle que l'infection et l'oppro-
« bre !! (Petit Car., Tentations des grands, pages 27,
« 28, 31, 32, 37, 38, 39, 40, 41 et 42.)

C'est sans doute par ces éloquentes paroles et ces
tableaux si largement tracés que furent inspirés les
vers que l'on va lire : ils sont l'ouvrage d'un jeune
homme dont à regret je dois taire le nom. Il est mort
à l'âge de 19 ans, laissant dans l'affliction sa famille
et ses quelques amis au nombre desquels j'étais fier
de me ranger. Ses études classiques avaient été brillantes. Ses talents et ses vertus le rendirent cher à
tous ceux qui furent à même de les apprécier. Sa fin
prématurée a été une grande perte, non-seulement
pour la littérature et les sciences qu'il eût honorées

par ses travaux, mais encore pour la France entière, je dirai même pour le genre humain au bonheur duquel il eût certainement consacré toute son existence. La supériorité et la profondeur de ses pensées, la noblesse de son âme, la pureté de son cœur et de ses intentions, son amour ardent pour le bien, son mépris et son horreur pour les vices, enfin son dévouement absolu à la grande cause humanitaire, tout, en lui, présageait un de ces hommes rares qui illustrent l'époque dans laquelle ils apparaissent. Il a laissé plusieurs manuscrits qui seront publiés un jour, si sa famille, qui n'est pas fortunée, peut en trouver le moyen. Suivant les gens de goût qui les ont parcourus, ils sont remarquables. Il règne, dans presque tous, cette sombre mélancolie, résultat naturel des observations profondes qu'il avait faites sur notre détestable état social et sur les institutions vicieuses ou atroces qui nous régissent. Sa prose était de beaucoup supérieure à sa poésie — Il n'avait guère que 18 ans lorsqu'il composa le morceau que nous imprimons ci-après. C'est l'âge auquel La Boétie traçait son traité de la *Servitude volontaire*. Ces deux hommes étaient de même trempe et tout ce que Montaigne disait de son tant bon ami au chancelier de L'Hôpital, pourrait s'appliquer sans restriction au jeune ami dont nous déplorons la perte. Ceux qui ne le connaissaient pas pourront le juger par son œuvre.

------

# Le plus Grand Homme

## DES TEMPS MODERNES.

### I.

Ah! je suis las, bien las d'entendre la louange
hurler, hurler sans fin le nom trop encensé
de cet impur démon dont elle fait un ange,
quand le sol fume encore où ses pieds ont passé.

14.

Napoléon le grand! Oui le grand tueur d'hommes,
le grand restaurateur des trônes renversés,
génie iniprogressif par qui l'age où nous sommes
    rentra dans les âges passés.

Napoléon le grand! Le grand coureur du monde
qui jalonnait sa route avec nos ossements
afin qu'on dit un jour: «quand il fesait sa ronde,
il passa par ici.» Car à tous les moments
cet homme n'avait pas d'autre pensée en tête
que celle de couler sa mémoire en airain,
de se bâtir un dôme et de s'asseoir au faîte
    fût-il crépi de sang humain.

Moi! Tel était le mot de toute sa pensée,
le seul vent qui formait cet orage éternel*,
et quand il soulevait sa poitrine oppressée
c'est qu'il se demandait: suis-je donc un mortel?
« Le peuple, disait-il, c'est gibier de mitraille
« chair à canons »…. Et puis, le grand jour arrivé,
il engraissait de morts tout un champ de bataille
    et pensait: je récolterai.

Le peuple était fumier pour cette ame de glace,
et le peuple pourtant (stupidité!) l'aimait
comme on aime son fils, et passant sur la place
de la grande colonne, il ôte son bonnet.
Il se souvient toujours de la capote grise,
il parle bien souvent de son *petit tondu*,
et maint ancien troupier, en savourant sa prise,
    vous dira : tout n'est pas perdu.

Le peuple est né d'hier ; il lui faut tout apprendre.
Mais que des députés, champions de ses droits,
vantent, de la tribune, à qui veut les entendre,
l'homme qui nous pesa bien plus que tous les rois,
et qui ressuscita de leurs bierres pourries
le despotisme avec ses chambellans dorés,
les grimaces de cour, ses vieilles armoiries
    et ses valets de pied titrés ;

---

\* Promenant, sur ce roc où passent les nuages,
    sa pensée, orage éternel.   (Victor Hugo.)

Que le poète aussi, lui qui, sous l'homme au glaive,
s'il ne louangeait pas, ne pouvait pas chanter,
nous montre son fantôme, errant sur chaque grève,
debout sur chaque roc, et vienne répéter,
avec un grand fatras d'images entassées,
la louange sans fin de son héros chéri,
comme si ses grandeurs n'étaient pas effacées,
        son cadavre déjà pourri.

## II.

Ah! cela fait pitié! Pour qui donc est la gloire?
est-ce pour l'insensé qui veut laisser sa main
empreinte quelque part rouge de sang ou noire
de feu? Pourvu qu'il ait sa ligne dans l'histoire,
périsse sa patrie et tout le genre humain,
        il veut avoir son lendemain;
il veut, pour l'allonger, ajouter à sa vie
celles des cent millions d'hommes qu'il sacrifie.
Egoïste infernal! quoi! l'on t'admirera?
quelques sots ici bas! mais Dieu te maudira.

Ce n'est pas au bourreau marqué de l'anathême,
qui tua l'univers devant son propre autel,
que la gloire appartient. Car c'est le prix suprême
que l'humanité doit au cœur ardent qui l'aime,
qui l'aime d'un amour immuable, éternel,
        qui l'aime comme on aime au ciel,
qui pour elle se voue à la faim, la misère,
qui, pourvu que son sang fertilise la terre,
goutte à goutte l'épand le long de son chemin
et pense avec bonheur : Ils mangeront demain.

Cet homme-là, c'est Christ, l'ange du sacrifice,
qui, lorsqu'on l'abreuvait de vinaigre et de fiel,
sur sa croix ne fesait qu'achever le calice
qu'il lui fallait vuider pour nous gagner le ciel.
Gloire éternelle à Christ, le divin mandataire!
Gloire à qui, comme lui, ne voulut sur la terre
que vivre dans son œuvre et mourir dans son nom!

Gloire à vous tous Cromwell, Richelieu, Robespierre*!
Mais honte à toi, Napoléon !

Honte éternelle à toi ! Tu défis leur ouvrage.
Ces hommes qu'on ne voit qu'un coupe-tête en main
étaient brûlants d'amour pour le peuple, et je gage,
pleuraient pour un enfant qui leur disait : j'ai faim!
Mais toi, tu n'eus jamais pitié d'une souffrance [lance
Quand tes vieux compagnons remplissaient l'ambu-
tu pleurais...... de rester quelques jours en repos;
et tu jouas dix ans avec la pauvre France
    comme un chien joue avec son os.

Honte éternelle à toi ! Ta tâche était si grande !
Car, d'un bout de l'Europe à l'autre, tu pouvais,
ton épée à la main, faire la propagande
du grand mot : Liberté ! crié par les Français ;
mais un roi renversé, tu respectais son trône,
et puis tu ramassais par terre la couronne
et cherchais dans ta suite une tête de roi,
car tu savais qu'on a des droits sur ce qu'on donne
    et tes soldats régnaient pour toi.

Honte à toi ! jusque dans ton ile solitaire,
marchant les bras croisés, l'air pensif, sur ton roc,
tu croyais concentrer les regards de la terre,
et tu ne pleurais pas tes meurtres de St-Roch **.

---

* Le rapprochement de ces trois noms a quelque chose de bizarre. Il m'étonne et en étonnera bien d'autres. Je ne me permets pas de le critiquer par respect pour les mânes de mon ami. Je me borne à faire observer que si l'on admet comme axiome, que le désintéressement est la première des vertus chrétiennes et civiques, celle sans laquelle il n'est pas de *grand homme*; l'application de ce principe à ces trois noms pourrait bien porter à proclamer le *seul grand* celui-là même, dont une haine implacable et plus récente poursuit encore la mémoire.

** C'est ici une fausse appréciation des faits historiques échappés au jeune poète. De tous les meurtres commis par Napoléon (et le nombre en est immense), celui de St-Roch, au 13 vendémiaire, est le seul qu'on puisse justifier parce qu'il fut commis dans le véritable intérêt de la cause populaire.

Tu pleurais ta grandeur trop promptement passée
et tu maudissais Dieu, non ton ame insensée
qui s'était figuré qu'on restait long-temps roi.
Mais jamais un remords n'effleura ta pensée.
    Honte! Honte éternelle à toi!

## III.

Poètes, que vos mains le barbouillent de honte.
    N'épargnez pas le criminel.
Hugo, Barthélemy, vous tous dont la voix monte
    pleine et sonore vers le ciel,
ah! ne nous chantez plus dans vos grandes extases
    Bonaparte ou Bounaberdi,
ou l'empereur, ou lui, lui dans toutes ses phases.
    Laissez cet homme, il est maudit.

Si vous parlez de lui, salissez sa mémoire;
    que chacun apprenne de vous
qu'il n'est qu'un seul moyen d'arriver à la gloire
    et c'est de travailler pour tous.
Car le seul vrai héros, c'est qui se sacrifie;
    c'est celui-là qu'il faut louer.
Christ nous l'enseigne assez par sa mort et sa vie;
    nous naissons pour nous dévouer.

Et toi, peuple, apprends donc à connaître qui t'aime,
    qui travaille à te rendre heureux;
et n'échange jamais un roi, Charles X même,
    pour quelque Napoléon deux.
Car quand l'homme qui règne est trop grand de génie,
    qu'il te voit grouiller tout en bas;
il laisse de son haut peser la tyrannie
    et n'y songe seulement pas.

Et puis il te conduit de bataille en bataille,
    et quand, le soir du jour sanglant,
le corps noici de poudre et criblé de mitraille
    tu viens au camp tout ruisselant,
lui, la main blanche encor, devant l'armée en ligne
    fait caracoler son cheval
et dit : « Benissez Dieu de la faveur insigne
    de m'avoir eu pour général.

« J'ai remporté pour vous une belle victoire ;
      « mais allez, j'en suis peu jaloux
« et laisse volontiers un rayon de ma gloire
         « rejaillir de mon front sur vous. »
Et le peuple crédule aussitôt se prosterne,
      quand cet homme n'est qu'un foyer
qui concentre la flamme au fond de la lanterne
      et n'a rien en soi pour briller.

Peuple, il te faut enfin secouer l'ignorance ;
      il te faut apprendre à penser.
Presque démailloté des langes de l'enfance,
      tu ne peux plus t'en dispenser.
Le jour approche où, seul, sans lisière et sans guide,
      on te mettra sur ton chemin.........
Tâche d'avoir alors l'œil sûr, le pied solide........
      Eh!......, si ce jour était demain ?

---

# Réflexions

### SUR LE TRAIT DE DÉSINTÉRESSEMENT D'HIPPOCRATE.

Je suis loin de vouloir rabaisser le beau trait de
désintéressement d'Hippocrate. Je l'admirai beaucoup
dans ma jeunesse et je suis charmé que les écrivains
et les peintres l'aient retracé à l'envi et pour ainsi
dire, popularisé ; mais si l'on réfléchit qu'Hippocrate
était au-dessus de tout besoin (comme il le dit lui-
même) et que d'ailleurs il avait été nourri dans cette
très-juste idée que les promesses des rois sont toujours
trompeuses, on trouvera que son refus, tout sublime
qu'il est, ne dût pas lui coûter beaucoup. Mais si l'on
considère ce refus sous un plus large point de vue
humanitaire, ne pourrait-on pas dire qu'il était du
devoir d'un médecin célèbre, tel qu'Hippocrate,

d'aller guérir les malades, quels qu'ils fussent, et de
se transporter partout où se trouvait le siége de l'épi-
démie ? N'avons-nous pas admiré, dernièrement et
avec raison, les médecins français qui se rendirent
à Barcelonne lorsque la fièvre jaune éclata dans cette
ville ? il est vrai de dire que, du temps d'Hippocrate,
les idées philantropiques n'étaient pas aussi répan-
dues que de nos jours, que les antipathies de nation
à nation étaient plus fortes, et que l'esprit de patriotisme excluait entièrement celui de fraternisation
universelle. Trouvons donc beau, admirable ce trait
de vertu auquel l'antiquité a si justement applaudi.
Mais je demanderai pourquoi les traits vertueux de
ce genre qui se passent sous nos yeux restent dans le
plus profond oubli, lorsque ce sont des hommes du
peuple qui s'en rendent dignes ? Pour justifier ce
reproche d'ingratitude, il suffira d'en citer un tout
récent que les flagorneurs des combattants de juillet
ceux qui, pour trahir ce bon peuple, l'assourdis-
saient de leurs louanges, se sont bien gardés de spé-
cifier et glorifier parce que ce fait seul eut servi de
réponse aux lâches diffamations qui dans ces mêmes
bouches ont immédiatement succédé à d'hypocrites
éloges. Voici ce trait ; j'en fus témoin oculaire : Le
29 juillet 1830 vers une heure de l'après midi, deux
ou trois cents hommes de ces prolétaires qui avaient
établi leur grand quartier-général d'insurrection
dans le palais de la Bourse, en furent détachés pour
se porter sur le carrefour Rohan où les sicaires de
charles X, et notamment les Suisses fesaient encore
une très-vive résistance. La lutte y fut sanglante ;
mais le peuple couronna ses sublimes efforts par ce
dernier triomphe. Tous les hommes de ce détache-
ment ne rentrèrent pas immédiatement au quartier-
général ; la plupart se rendirent au chateau des Tuileries dont leurs camarades s'étaient déjà emparé. On
sait avec quelle générosité et quel ordre ce trop bon
peuple s'y comporta. Mais ce qu'on n'a pas su, c'est
que 35 de ces hommes partis de la Bourse y rentrèrent, trois quarts d'heure après, portant ou escor-
tant deux grandes mannes recouvertes de toile grise,

en voyant approcher ce convoi composé d'hommes tous déguenillés, pieds nuds, leurs vêtements tout déchirés, la plupart criblés de blessures, on pensa que c'était d'autres blessés qui ne pouvant plus marcher étaient transportés par leurs camarades à l'ambulance de la Bourse. On les introduisit d'abord tous dans la grande salle et quand on découvrit les deux mannes, on trouva qu'elles contenaient l'argenterie du château, et principalement tous les ornements de la chapelle. Alors on fit entrer ces braves gens et leur prise dans le cabinet du président du tribunal de commerce, on constata par un procès-verbal très détaillé le fait, le poids de l'argenterie et le nom des 35 héros qui venaient, malgré leur évidente misère, de s'honorer par cet acte sublime de désintéressement. Le tout fut envoyé à Lafayette et à la commission municipale. A-t-on parlé de ce beau trait ? jamais. Les noms de ces braves citoyens, qui les connaît ? Personne.

M. Bastard d'Estang, pair de France, qui venait, en cette qualité, réclamer son frère, officier d'état-major de charles X fait prisonnier par le peuple, auquel on le raconta, s'est bien gardé de le raconter lui-même à ses nobles collègues. Que dire, grand Dieu ! du coupable silence de ceux qui, à l'hôtel de ville étaient dans ce moment investis du pouvoir populaire ! Et pouvait-on attendre la publication d'un aussi grand trait de vertu d'un M. Plougoulm leur historiographe officiel, de celui qui vient de se proclamer si impudemment lui-même le *grand homme* de la presse !